AF502017

DES OCTROIS

MUNICIPAUX.

RENNES, IMPRIMERIE DE A. MARTEVILLE.

De l'Administration

DES

OCTROIS MUNICIPAUX,

PAR CH. CHARPILLET,

Préposé en chef de l'Octroi de Rennes,

OUVRAGE DESTINÉ PARTICULIÈREMENT A MESSIEURS LES PRÉFETS, SOUS-PRÉFETS, MAIRES, MEMBRES DES CONSEILS MUNICIPAUX ET EMPLOYÉS PRINCIPAUX DES OCTROIS.

A RENNES,

CHEZ MOLLIEX, LIBRAIRE, RUE ROYALE, N. 3.

A PARIS,

CHEZ Mme. Ve. CHARLES-BÉCHET, QUAI DES AUGUSTINS, N. 57.

M DCCCXXXI.

AVANT-PROPOS.

Quelques personnes pensent que le moment où l'on agite les plus graves questions sociales, n'est pas celui de publier un ouvrage administratif. Mais en y réfléchissant, on reconnaîtra sans doute qu'une administration savante, régulière et économique, doit être la base de tout système politique qu'une Nation veut consolider.

De l'Administration des Octrois Municipaux.*

OBSERVATIONS PRÉLIMINAIRES.

L'OUVRAGE qu'on va lire est le premier écrit sur la matière ; il est publié dans le but d'être utile aux nouvelles municipalités ; il est le fruit de l'étude des lois, réglemens et instructions qui régissent les octrois, et

* Le présent ouvrage n'est point applicable à l'octroi de Paris, dont la perception est soumise à des règles exceptionnelles.

d'une expérience de plus de vingt ans; il diffère essentiellement d'un simple recueil d'actes administratifs : c'est un exposé historique des octrois, et une analyse des moyens de recouvrer cet impôt si utile pour soutenir les hôpitaux et faire face aux dépenses des villes. L'auteur a cherché à être clair et intelligible pour tous les lecteurs.

Cet opuscule conduira peut-être les hommes habiles à s'occuper d'une branche de finances importante par ses produits, et qui influe si puissamment sur les administrations municipales. En effet, il n'est pas indifférent qu'une ville obtienne, par le moyen de son octroi, quelques mille francs de plus ou de moins. La perte de faibles sommes peut entraîner les plus graves inconvéniens; les établissemens les plus utiles au repos et au bonheur des citoyens peuvent languir ou disparaître par le fait d'un octroi mal établi ou mal administré. Tous les bons esprits conviennent que le gouvernement municipal influe beaucoup plus sur les détails ordinaires de la vie des habitans d'un pays, que ne le fait le gouvernement de l'État. C'est par les bons résultats de l'administration communale qu'un bien-être plus immédiat se fait sentir : ce bien-être ne peut exister, si les finances des villes sont en désordre et mal gérées. Cette partie semble donc digne de la plus sérieuse attention, d'autant mieux que l'administration des octrois ne paraît pas encore avoir atteint le degré de perfectionnement dont elle est susceptible. Il est évident que cela tient essentiellement à ce que chaque octroi agit isolément, et qu'on manque d'un lien commun, au moyen duquel circuleraient les innovations avantageuses et les règles sages qui font la prospérité de quelques-uns de ces établissemens. Les maires sont sans doute remplis de zèle pour les finances des villes; mais la plupart d'entre eux n'ont pas été à portée d'étudier les règles qui dirigent les octrois, et d'acquérir, sur cette partie, l'expérience plus profitable encore que la théorie. Pour suppléer au peu d'habitude qu'ont généralement les magistrats municipaux de la gestion des contributions indirectes, il s'agirait, ce semble, de leur offrir en un corps, et exposé d'une manière simple, un tableau de l'administration des octrois. C'est ce qu'on a essayé de faire ici. On ne peut se dissimuler les difficultés que présente cette tâche : c'est pourquoi l'auteur recevra avec reconnaissance les observations et objections qui pourraient lui être faites.

L'administration supérieure a rempli envers les octrois les obligations qui lui sont imposées par les lois, en donnant des règles sûres et de sages instructions pour bien rédiger les réglemens et les tarifs; elle a créé de plus un système de comptabilité aussi simple que facile dans la pratique, qui se lie avec le système général de la comptabilité des finances; et, sous ces deux rapports, les octrois doivent beaucoup aux soins de la régie des contributions indirectes; mais les lois ne chargent cette régie que de la haute surveillance; l'administration immédiate appartient aux maires, et la perception à des employés choisis par eux et commissionnés par les préfets. Ainsi, ce sont les municipalités elles-mêmes qui doivent chercher à perfectionner la gestion des octrois et à suivre une marche uniforme, comme on l'a fait pour la législation et la comptabilité. La lecture de cet ouvrage pourra être un moyen d'atteindre ce but; il paraissait nécessaire, car les instructions qui ont été données en différens tems sur ce sujet, ne sont pas rassemblées; peu de municipalités les possèdent, et plusieurs de mes collègues même n'ont pas été à portée de se les procurer. La plupart sont d'ailleurs tombées en désuétude, par suite des changemens qu'a subis la législation des octrois : c'est pourquoi l'auteur s'est seulement aidé d'elles; il y a eu recours comme à des documens précieux, à l'analyse desquels ont été ajoutées les remarques fournies par l'expérience. Ainsi, ce ne sont pas des innovations dans la matière que l'on propose : une partie des moyens qui vont être indiqués sont aujourd'hui pratiqués avec succès dans diverses villes. On croit qu'ils pourraient l'être partout, si l'on ne se laissait pas trop arrêter par des considérations de localités et d'antécédans.

Avant d'entrer en matière, je dois exposer le plan que j'ai suivi.

J'ai cru devoir,

1°. Donner un exposé historique des octrois, pour les bien faire connaître, et prémunir, par le narré des fautes qui ont été faites, contre celles qu'on pourrait commettre à l'avenir;

2°. Examiner les tarifs et réglemens seulement sous le point de vue de la rédaction, et non sous le rapport des dispositions législatives, ces dernières ayant atteint maintenant une grande perfection;

3°. Je me suis étendu sur-tout sur les divers modes de perception, et notamment sur la régie simple, qui est la base de tous les autres;

4°. Enfin, j'ai consacré une section à exposer les devoirs des préposés en chef, et c'est ici sur-tout que le zèle éclairé de mes collègues pourra m'offrir des leçons utiles, s'ils veulent bien enrichir mon ouvrage de leurs observations.

Je termine par l'indication des documens législatifs et administratifs à étudier ou à consulter par les personnes appelées à régir les octrois.

Il me reste une remarque générale à faire : On a beaucoup dit dans ces tems derniers que les octrois des villes avaient pris une grande extension. Cela est vrai ; mais elle est bien moins due à l'élévation des tarifs qu'au développement de l'industrie, fruit du progrès des lumières et du surcroît d'aisance répandu par ce moyen dans toutes les classes de la société. Il est bien prouvé que, depuis 1820 jusqu'en 1830, les produits de toutes les contributions indirectes de France se sont accrus considérablement, sans augmentation des tarifs. Il n'est pas étonnant, d'ailleurs, que les besoins des villes augmentent chaque jour : quand les citoyens ont goûté certaines aisances sociales, non seulement ils veulent en maintenir la jouissance, mais ils désirent y ajouter encore ; ils veulent assainir, embellir leur résidence, y créer des établissemens utiles dans tous les genres, et pour y parvenir, il est indispensable que les droits d'octroi offrent des ressources proportionnées aux besoins.

Au reste, dans cette matière comme dans toute discussion sur les impôts, ce sont bien moins les taxes ou les produits qui doivent fixer l'attention et provoquer l'examen, que l'emploi de ces produits.

SECTION I.

DES DIVERSES MODIFICATIONS QU'ONT SUBIES LA LÉGISLATION ET L'ADMINISTRATION DES OCTROIS, DEPUIS LEUR RÉTABLISSEMENT, EN 1799, JUSQU'EN 1830.

Les octrois sont des droits établis sur des objets consommés dans une commune. Les produits de ces droits sont appliqués aux dépenses municipales. Ainsi, quand les revenus ordinaires d'une ville ne suffisent pas pour couvrir ses dépenses, le Conseil municipal peut voter des droits d'octroi : il les établit au moyen d'un tarif qui en énonce la quotité, et d'un réglement qui détermine les formes de la perception. Ces deux actes ont besoin, pour avoir force de loi, d'être approuvés par le Gouvernement. Cette approbation a toujours été donnée par le Roi, qui se servait, pour cela, du vieux mot français *octroyer*, d'où vient *octroi*. Il est évident qu'il est indispensable que le Gouvernement intervienne dans l'établissement des impôts des villes, pour éviter qu'elles prennent, sans le savoir, des mesures qui pourraient leur nuire dans leurs relations commerciales ou industrielles.

Les premiers établissemens d'octroi remontent au XIVe. siècle. Avant la révolution, plusieurs villes de France étaient assujetties à ces droits ; mais alors les produits n'étaient pas, comme aujourd'hui, spécialement appliqués aux dépenses de la commune : souvent l'État s'appropriait tout ou partie des recettes.

L'administration des octrois était confiée, soit à des fermiers particuliers, soit aux fermiers généraux des aides; elle offrait beaucoup d'abus, comme presque tous les services des finances de ces tems. Supprimés en 1791 par l'Assemblée constituante, les octrois commencèrent à se rétablir en 1798. Les communes elles-mêmes les redemandèrent au Gouvernement; car elles avaient acquis la certitude que, sans cette ressource, les établissemens locaux les plus indispensables tomberaient bientôt faute d'entretien. Cette vérité n'était pourtant pas généralement sentie, et les octrois se créèrent lentement. Le principe des impôts indirects ayant été fortement attaqué par les assemblées législatives qui eurent lieu au commencement de la révolution, ce n'était qu'avec timidité que les magistrats proposaient l'octroi; mais comme les formes de perception de cet impôt sont peu inquisitoriales, les habitans de plusieurs villes s'y soumirent cependant. Il est à remarquer que ce moyen de pourvoir aux dépenses des villes a été généralement reconnu comme répartissant le plus également les charges, puisqu'il porte également sur toutes les consommations. Il semble de beaucoup préférable, sous ce rapport, à tout autre moyen financier; il est au reste passé en France dans les habitudes du peuple, et n'excite de réclamations que quand les droits ont atteint un taux trop élevé.

Trois lois organiques, en date des 11 frimaire an 7, 2 vendémiaire et 27 frimaire an 8, réglèrent, dans les premiers tems, les octrois municipaux; mais leurs dispositions étaient incomplètes et laissaient trop à l'arbitraire. Cet inconvénient se serait fait peu sentir, si les villes eussent conservé l'administration directe de l'impôt; mais guidées par l'expérience trompeuse des époques antérieures, et désirant d'ailleurs s'affranchir des détails pénibles qu'offraient des établissemens encore dans leur enfance, elles affermèrent les produits. Dès lors, elles cessèrent de connaître ce que pouvait rapporter leur octroi, et les habitans des villes où ces taxes existaient se virent tourmentés par de continuelles vexations. Les fermiers donnaient une extension indéfinie aux termes des lois réglementaires et aux tarifs locaux. On vit des compagnies s'établir pour exploiter les revenus des communes, et des abus notables se montrèrent de toutes parts. C'était sur-tout le défaut d'unité, d'ordre et de clarté dans la comptabilité, qui servait à cacher ces abus. On a vu, dans quelques localités, les bordereaux formés, non pas sur les recettes opérées, mais d'après une somme arbitrairement dictée par les adjudicataires, et l'on plaçait au hasard les quantités réduites ou forcées pour former cette somme; en sorte qu'il n'était jamais possible de connaître les consommations réelles d'objets assujettis à l'octroi, et de fixer un prix de bail d'après cette connaissance.

La loi avait institué près de chaque octroi d'un produit important, un préposé en chef, commissaire du Gouvernement, chargé par lui de surveiller la gestion des fermiers et de guider les administrations municipales dans les mesures qu'elles pourraient prendre concernant les octrois, ou bien de diriger ces établissemens, lorsque les villes régiraient directement; mais ces employés n'avaient pas toujours été assez heureusement choisis pour remplir le but qu'on s'était proposé.

On remarquait aussi de grands vices dans les divers réglemens et tarifs rédigés par les autorités municipales. Dans les premiers, on surchargeait les redevables de formalités gênantes et inutiles, ou bien on ne prévoyait pas les cas les plus simples que pouvait offrir la perception; on imposait les objets en passe-debout et transit, etc. Les tarifs contenaient une multitude d'articles dont les produits étaient presque nuls, qui offraient pour la vérification des difficultés souvent insurmontables, et donnaient lieu à beaucoup d'arbitraire lors de la perception.

En rétablissant les octrois municipaux, on devait s'attendre à voir naître une grande partie des irrégularités que je viens d'indiquer, parce que, dans cette matière, comme dans toutes les parties administratives, l'expérience est le seul guide sûr; mais il semble que le Gouvernement aurait pu abréger le tems des expériences, et cependant dix années s'écoulèrent avant qu'on parût apporter quelque ordre dans la gestion des octrois des villes. C'est à la sollicitude de la régie des contributions indirectes, à laquelle le Gouvernement attribua la haute surveillance des octrois, que les communes durent le réglement général du 17 mai 1809, qui, pour la première fois, présenta, dans un ordre clair, les dispositions communes devant servir de base aux réglemens locaux, et indiqua les matières qui pouvaient être le plus facilement tarifées. Ce réglement général établit les divers modes de perception et donne des règles générales concernant la comptabilité. On ne se contenta pas d'offrir aux villes ce régulateur de leur administration : il fut accompagné d'une instruction ministérielle mise en marge de chaque article réglementaire. Cette instruction développa le sens du décret, et contint tout ce que l'expérience avait jusque là dicté de plus certain et de plus sage pour la bonne perception des taxes municipales. On peut assurer que si, dès lors, les autorités locales eussent suffisamment médité le décret du 17 mai 1809, et qu'elles se fussent fait un devoir de se conformer à toutes ses dispositions, on aurait vu disparaître une grande partie des abus existans; mais le réglement général fut peu étudié dans les départemens, et, malgré l'injonction faite par le Gouvernement de régulariser les réglemens et tarifs d'octrois, d'après les bases posées au décret précité, les Conseils municipaux agirent avec une lenteur qui approchait d'une complète indifférence.

Cependant l'administration des contributions indirectes multipliait ses invitations, pour que les villes se conformassent au réglement général. Elle parvint à renouveler une grande quantité de réglemens et de tarifs; elle les revisa avec soin; elle envoya des modèles dans les départemens. Le Conseil d'État s'occupa même de cet objet important, et les autorités locales n'eurent plus qu'à ajouter quelques dispositions particulières à celles générales exprimées dans ce modèle; mais, malgré toute cette sollicitude de la part du Gouvernement, les abus les plus préjudiciables ne purent être déracinés : ils tenaient au mode de perception en ferme et en régie intéressée. Peu de villes connaissaient les produits réels de leur octroi; presque aucunes d'elles ne les avaient perçus sans qu'ils passassent par les mains d'hommes intéressés à cacher leur véritable valeur. La régie des contributions indirectes savait combien les finances des communes souffraient par l'effet des mises en adjudication des octrois; elle avait donné des ordres à ses employés pour éclairer la gestion des adjudicataires : les rapports qu'elle recevait devenaient de jour en jour plus inquiétans. Les *Moniteurs* des années 1809, 1810 et 1811 contiennent l'exposé de procès qui furent déterminés à cette époque par les abus scandaleux qui régnaient dans l'administration de plusieurs octrois, et notamment de ceux d'Anvers, Rouen, Toulon, etc. etc.

Quand il s'est agi en 1814 de rendre l'administration des octrois aux communes, et sur-tout en 1816 de les autoriser à les affermer, on a dit que le Gouvernement impérial, poussé par le désir qu'il avait de s'emparer de tout, et de tout centraliser, avait beaucoup exagéré les abus des octrois, afin d'avoir un prétexte pour régir ces taxes. On doit sans doute faire la part à cette circonstance; mais il serait absurde de penser qu'il n'existait pas de très-grands désordres. Comment en aurait-il été autrement? L'octroi est un impôt qui, bien que simple dans sa forme, demande cependant, pour être convenablement administré, une longue expérience et quelque étude de la législation des contributions indirectes en général. Devait-on s'attendre à trouver ces connaissances chez des fermiers qui ne considéraient que les bénéfices qu'ils pouvaient tirer de leur entreprise ? On ne peut pas penser non plus que l'incapacité des fermiers ait été suppléée par l'attention qu'apportaient les maires à entrer dans tous les détails de l'administration des octrois : la position et les fonctions de ces magistrats ne leur permettent pas cette espèce de travail. D'ailleurs, comme le dit très-bien l'instruction ministérielle jointe au réglement du 17 mai 1809, les maires ne sont ni gérans, ni comptables ; ils ne sont chargés que de la haute surveillance, et l'on ne peut raisonnablement exiger d'eux que cela. Ainsi l'on doit penser que toutes les fois qu'il n'existera pas, pour la perception d'un octroi, des agens fidèles et éclairés sur les devoirs qu'ils ont à remplir, les désordres signalés en 1809, 1810 et 1811, ne tarderont pas à reparaître.

Les désordres et les dilapidations qui régnaient dans la plupart des octrois ayant été portés à la connaissance du Gouvernement, par l'administration des contributions indirectes, on jugea qu'il n'y avait d'autre remède à appliquer que de confier à cette régie la gestion des octrois municipaux. Cette mesure arbitraire fut l'objet d'un décret en date du 8 février 1812; elle mécontenta vivement les administrations municipales, qui se voyaient enlever le dernier reste de leur autorité, et elle empêcha, par sa violence, de rendre justice aux améliorations de tout genre qui en furent la suite.

Le premier soin de l'administration des contributions indirectes, à laquelle la perception des octrois venait d'être confiée, fut de bien connaître l'état du personnel dans chaque ville. Des renseignemens furent demandés aux directeurs et aux maires; et ce fut après les avoir obtenus, qu'on aperçut la véritable cause de l'état fâcheux dans lequel étaient tombés presque tous les octrois. On ne distinguait, dans les personnels de ces établissemens, ni ordre, ni attributions fixes; les préposés étaient sans intelligence, sans conduite ni tenue; il en existait même un grand nombre d'une immoralité choquante; ils avaient été choisis dans les plus basses classes de la société; ils étaient très-mal rétribués, et l'octroi était, dans presque toutes les villes, le refuge des mauvais sujets. Cependant l'administration des contributions indirectes usa d'indulgence, et ne renvoya que les hommes absolument incapables ou entachés de vices honteux. Elle rédigea des états d'organisation du personnel et de fixation des dépenses de perception, pour chaque octroi. Le mouvement général d'ordre et de régularité imprimé par cette mesure ne tarda pas à produire les meilleurs effets; il fut secondé par les soins et la surveillance des employés supérieurs des contributions indirectes : on vit partout les abus disparaître, et les produits augmenter. Le réglement du 17 mai 1809 avait donné des bases pour l'établissement, la perception, le contentieux et la comptabilité des octrois; les réglemens locaux avaient été calqués sur ce modèle. Une comptabilité uniforme avait été prescrite; elle déjouait presque tous les efforts de la mauvaise foi. Enfin, par la prise de possession de l'administration des taxes municipales par la régie des contributions indirectes, les personnels se trouvaient épurés, les frais de perception connus, limités et réduits dans un grand nombre de localités; des comptes moraux et en deniers étaient présentés, à la fin de chaque année, par les employés supérieurs des octrois et de la régie, à l'examen des administrations municipales. Le contrôle que devaient exercer les maires sur les opérations de ces employés était garanti; des renseignemens de toute espèce étaient offerts à ces magistrats, pour les mettre à portée d'apprécier les soins dont les octrois étaient l'objet. Les employés des contributions indirectes concouraient, avec ceux spécialement affectés aux droits municipaux, à la répression de la fraude, et le bienfait d'un systême uniforme, si nécessaire dans toutes les parties financières, commençait à se faire sentir.

Cependant les administrations municipales, tout en approuvant ces changemens heureux, auraient désiré qu'on les eût mises à portée de les opérer elles-mêmes, et ne pouvaient s'accoutumer à voir ainsi le Gouvernement venir se mêler d'une manière aussi intime des intérêts locaux. Le Gouvernement impérial leur offrait si peu de garanties, les caisses des villes avaient été si souvent violées sous divers prétextes, qu'elles voyaient avec peine les octrois, leurs seules ressources financières, tombés tout à fait dans des mains qui pouvaient si facilement en détourner les produits pour un autre usage que celui auquel ils avaient été destinés, par le vote des conseils municipaux. C'est pourquoi, dès que le Gouvernement royal fut rétabli, les communes s'empressèrent de réclamer la gestion de leurs octrois.

Ce vœu fut bientôt exaucé, et la loi du 8 décembre 1814, concernant le budget de l'État, statua que les maires reprendraient l'administration des taxes municipales; mais cette même loi se montrant éminemment sage, interdisait aux communes le droit d'affermer les octrois. Les maires devaient administrer directement, ou bien passer avec la régie des contributions indirectes des traités, pour laisser gérer par cette dernière administration. Une ordonnance du roi, du 9 décembre de la même année 1814, venait expliquer les dispositions de la loi et compléter celles du décret du 17 mai 1809. L'ordonnance dont il s'agit donnait de plus des dispositions transitoires, pour faire passer les octrois des mains de la régie dans celles des administrations municipales, sans secousse et sans désordre. Le ministre des finances, en envoyant l'ordonnance et la loi aux préfets, leur exprimait le désir de voir les maires apporter le moins de changemens possible aux personnels et à la marche du service des octrois. De leur côté, les employés supérieurs des contributions indirectes recevaient des instructions pour faciliter aux maires la reprise du service.

Le nouvel ordre de choses établi par la loi du 8 décembre 1814 paraissait ne plus rien laisser à désirer aux communes; elles étaient rentrées en possession de la gestion de leurs octrois. Si elles trouvaient ce soin trop pénible, elles avaient la faculté de le confier à l'administration des contributions indirectes, moyennant un taux de frais modéré, et qu'elles pourraient débattre. Les maires voulaient-ils administrer eux-mêmes? Il était difficile qu'ils ressentissent beaucoup l'embarras d'une gestion directe, parce que, dans les principaux octrois, le ministre plaçait des préposés en chef, qui présentaient généralement les connaissances et l'expérience nécessaires pour bien diriger le service. D'ailleurs, les administrations municipales auraient pu facilement faire révoquer ou changer la résidence de ceux de ces préposés dont elles n'auraient pas été satisfaites, comme cela était indiqué par la loi du 27 frimaire an 8.

Ainsi le Gouvernement rendait aux villes des services montés, et marchant régulièrement, pourvus d'une comptabilité claire et facile, des personnels auxquels il y avait peu à retoucher, et sur-tout, ce qui était plus précieux encore, il donnait aux administrations locales des connaissances positives sur les véritables produits de chaque octroi, qui avaient été si long-tems ignorés lorsqu'ils se trouvaient entre les mains des fermiers.

Les maires étaient donc en mesure d'administrer directement avec succès, et d'ajouter au perfectionnement des moyens fiscaux cette douceur et cette modération qui distinguent leur administration. La part de surveillance que s'était réservée l'administration supérieure, n'avait d'autre but que de présenter aux communes les moyens d'améliorer le système de leurs octrois, et de les aider à régulariser cette branche de finances.

On ne s'explique pas bien pourquoi les administrations municipales ne se trouvèrent point satisfaites de l'ordre de choses établi par la loi du 8 décembre 1814, et l'ordonnance du 9 du même mois. Il est probable que, si elles eussent plus mûrement examiné leur position relativement aux octrois, elles auraient remarqué qu'elles pouvaient dès lors faire tout le bien possible, et qu'il était bien difficile qu'il s'y glissât des abus. Néanmoins elles demandèrent, en 1816, qu'on leur rendît la faculté de mettre en ferme ou bien en régie intéressée, et que, de plus, les maires eussent la présentation au ministre des sujets pour les emplois de préposés en chef. La loi du 28 avril 1816, sur le budget de l'État, rendue sous une influence aristocratique, consacra ces deux dispositions. Elles ne paraissent pas devoir produire de bons résultats : l'expérience antérieure fournit plus d'un argument contre la mise en ferme; et, quant à la présentation des préposés en chef par les maires, elle n'augmente pas réellement les attributions de ces magistrats, puisqu'ils ne peuvent, sous peine de compromettre les revenus d'une ville, choisir les cadidats qu'ils présentent que parmi les employés supérieurs des octrois, dont souvent ils ne sont pas à portée de connaître les antécédans aussi bien qu'au ministère des finances, où l'on suit le sujet pendant toute sa carrière.

C'est dans cette position que se trouve maintenant l'administration des octrois, et c'est ici que se termine ce qu'il y avait à dire sur l'historique de ces taxes (1).

Il y a lieu de croire que la régie des contributions indirectes va subir des modifications importantes; mais il

(1) Les droits d'octroi sont, en 1830, établis dans quinze cent huit communes, ayant ensemble une population de six millions cinq cent mille âmes; leur produit total est de 67,000,000 fr.; la taxe supportée par chaque individu, ressort de 1 fr. 50 c. à 30 fr. Sept cent vingt-deux octrois sont affermés; les autres sont perçus en régie simple. Le trésor public prélève sur le produit net des octrois, 10 pour 100, for-

est probable qu'elles n'influeront pas sur la législation et l'administration des octrois.

On ne peut se dissimuler que toute tentative, pour changer l'assiette de ces taxes, apporterait une grande perturbation dans l'administration municipale ; c'est pourquoi il paraîtrait indispensable de ne toucher aux octrois qu'avec beaucoup de prudence.

mant une somme de 4,900,000 fr. Le taux des frais de perception est de 10 à 15 pour 100. L'octroi de Paris seul donne 20,000,000 fr.

Le dixième n'est point prélevé sur les produits d'octroi destinés à remplacer la contribution mobilière ou à l'acquittement des dettes arriérées des villes.

SECTION II.

DE L'ÉTABLISSEMENT DES OCTROIS ET DE LA RÉDACTION DES TARIFS ET RÉGLEMENS.

Les lois et les réglemens concernant les octrois expliquent d'une manière assez précise les motifs qui doivent déterminer l'établissement d'un octroi, pour qu'il soit peu nécessaire de les rappeler ici. D'ailleurs, ce cas se présente bien rarement aujourd'hui, et presque toutes les villes chefs-lieux de département et d'arrondissement ont établi des octrois, déterminés par des besoins d'aisance locale, qui le sont eux-mêmes par les progrès de la civilisation.

Mais souvent ces villes sont obligées d'apporter quelques modifications aux réglemens et tarifs, ou bien de les refondre entièrement, quand leur insuffisance, ou les défauts que présente la rédaction, nuisent trop essentiellement à la perception. Dans le cas où des modifications aux tarifs et réglemens sont jugés nécessaires, voici comment je croirais qu'on peut y procéder pour obtenir tout le succès désirable ;

Le maire inviterait à se rendre près de lui l'employé supérieur des contributions indirectes de la résidence, ainsi que le préposé en chef de l'octroi : secondé par ces fonctionnaires, il présenterait le projet du réglement et du tarif; cette opération serait facile. L'administration des contributions indirectes a envoyé dans les départemens unmodèle de réglement (1), comme papier de ser-

(1) Ce modèle a pour objet principal d'établir dans chaque localité le même système de formalités, afin de ne pas entraver les relations commerciales.

vice : ce modèle présente tous les articles d'une application générale; il ne reste plus qu'à remplir les blancs par les dispositions locales que la commission dont nous venons de parler jugera nécessaire d'ajouter.

Ces dispositions sont ordinairement relatives au chapitre de la perception (1) et au paragraphe concernant l'entrepôt à domicile; elles ont pour objet des mesures exigées par des usages particuliers aux localités. Souvent elles se rapportent aux moyens de perception à appliquer à certains articles du tarif, ou au mode de vérification le plus facile à pratiquer dans tel ou tel cas, etc.

Pour ce qui concerne l'entrepôt à domicile, les dis-

(1) Parmi les moyens qu'on peut employer pour faciliter la perception, je fais usage, depuis plusieurs années, de plômbs qui sont placés, au moment de l'introduction, aux bâches des voitures de roulage; elles peuvent, par ce moyen, être vérifiées à domicile. Cette méthode évite au commerce des retards et des avaries qui seraient souvent la suite des vérifications faites à l'entrée. L'administration de l'octroi de Paris a adopté cette marche de service; elle a généralement obtenue du succès.

positions locales doivent être en petit nombre; elles énoncent les articles du tarif admis à l'entrepôt, le minimum pour la sortie et les conditions auxquelles on obtiendra le certificat de sortie. Il sera très-utile de bien spécifier ces conditions, car le succès de l'entrepôt à domicile en dépend essentiellement.

Les dispositions locales doivent être peu multipliées. Il est bon d'examiner, avant de les insérer, si elles ne seraient pas déjà implicitement prévues par les articles du modèle imprimé que la commisson préparatoire aura sous les yeux. Le préposé en chef de l'octroi et l'employé supérieur des contributions indirectes, appelés à la commission par le maire, feront bien de se préparer à ce travail en relisant le décret du 17 mai 1809 et l'instruction qui l'accompagne, l'ordonnance royale du 9 décembre 1814, et les circulaires de l'administration concernant les révisions des tarifs et réglemens, notamment celle du 26 juin 1823, qui transmet le nouveau modèle de réglement.

Après s'être occupée de la révision du réglement, la

commission préparatoire examinerait le tarif. C'est une partie délicate et importante ; c'est celle qui exige le plus de connaissances locales, et qui agite le plus fortement les Conseils municipaux. Il faudra donc porter, dans la désignation des objets imposés et l'assiette des taxes, toute la maturité possible, et profiter avec soin de l'expérience donnée par l'application des tarifs antérieurs, pour ajouter ou supprimer ; il est sur-tout bien essentiel de ne pas trop élever les taxes. On ne saurait assez redire cet axiôme de finance : *Les taxes modérées sont le plus sûr garant contre la fraude et le gage le plus certain de produits élevés.* On devra sur-tout suivre cette règle, lorsqu'il s'agira des consommations de la classe peu aisée ; il vaut mieux imposer un grand nombre d'objets que d'en surcharger quelques-uns. Cependant, quand on doit cesser de se renfermer dans les cinq divisions qui font la base ordinaire des tarifs d'octroi, les boissons, comestibles, combustibles, fourrages et matériaux, il faut bien examiner si, en portant des droits sur d'autres articles, on n'entrave pas le commerce de la localité.

Il ne faut pas omettre de combiner les taxes entre elles, de manière à ce qu'elles se trouvent dans de justes rapports et gradations. Il est important que l'énoncé des objets tarifiés soit clair et précis, que les mesures soient décimales et non susceptibles de fausse interprétation. La valeur des objets imposés doit être parfaitement connue, afin d'établir toujours les taxes dans une relation proportionnelle avec cette valeur. Il faut éviter de taxer les objets dont la perception offrirait trop de difficultés, ou qui, par leur petitesse, échapperaient facilement à la surveillance. Il est nécessaire que les taxes soient énoncées en sommes rondes, comme 1 fr., 50 c., etc., afin de faciliter les opérations et les vérifications de comptabilité.

Quand le nombre d'articles du tarif sera arrêté, et que les taxes auront été déterminées, on formera le résumé des propositions du tarif, suivant le modèle annexé à la circulaire du 26 juin précitée. Il faudra apporter le plus grand soin à bien établir, dans ce résumé, les quantités des consommations présumées pour chaque objet taxé, en formant une année moyenne sur trois ou quatre précédant celle où la commission aura été assemblée pour opérer la révision.

Quant aux articles nouveaux, on en évaluera la consommation modérément et approximativement, en prenant pour base le nombre des consommateurs; cette dernière opération sera rectifiée par l'expérience. Il n'en devrait pas être de même pour les articles qui déjà ont été taxés; c'est cependant ce qui arrive fréquemment, et ce sur quoi comptent les fermiers, pour obtenir une bonne mise à prix. Aussi devra-t-on soigneusement se garder, toutes les fois qu'on formera un nouveau tarif, d'en affermer les produits avant d'avoir l'expérience des résultats par la régie simple. On ne peut donc mettre une entière confiance dans les quantités d'une année moyenne, placée au résumé des propositions du tarif, qu'autant qu'on a la conviction que l'octroi a été bien géré antérieurement. Mais que l'on obtienne ou non cette conviction, le résumé doit toujours être établi le plus exactement possible; car c'est cette pièce qui fera connaître le produit brut total approximatif, et c'est la donnée la plus indispensable dans un travail de révision.

Le réglement, le tarif et le résumé des propositions du tarif, arrêtés par la commission, seront accompagnés d'un rapport du maire au Conseil municipal, explicatif des motifs qui auront déterminé à adopter la rédaction présentée. Ce rapport sera court et clair; les assemblées délibérantes pouvant rarement apporter une longue attention sur un objet, il faut les frapper vivement et promptement, et sur-tout quand il s'agit d'une matière aride comme une discussion de tarif et réglement. Ce rapport pourra aussi contenir une analyse des avantages et des inconvéniens que présentent les divers modes de perception, la régie simple, la ferme, la régie intéressée et la régie par l'administration des contributions indirectes, pour mettre le Conseil municipal à portée de prononcer suivant son droit et avec connaissance de cause sur cet objet important. On pourra puiser dans les considérations qui vont suivre, les élémens de cette partie du rapport.

Pendant la discussion au Conseil municipal, il sera bon que le préposé en chef de l'octroi, ou l'employé supérieur de la régie, soit présent, afin que l'assemblée puisse avoir de suite tous les renseignemens qu'elle désire sur l'octroi, et qu'elle n'insère au réglement et au tarif aucune disposition contraire aux lois. La plupart des administrations municipales ont jusqu'ici considéré comme peu utile ce concours de l'employé supérieur de la régie de la résidence, à la rédaction des tarifs et réglemens; mais indépendamment de ce qu'il est indiqué par les réglemens généraux sur la matière, il se trouve dans l'intérêt bien entendu des villes, puisque l'employé supérieur de la régie doit et peut seul apporter les connaissances pratiques nécessaires pour une bonne rédaction des bases de la perception, quand il n'y a pas de préposé en chef. En l'appelant, ce n'est pas une autorité qu'on lui confie, ce sont des lumières que l'on demande à un homme du métier, et, dans un objet aussi grave, on ne doit négliger aucun moyen d'en acquérir.

Je me suis peu étendu sur les mesures à prendre pour

rectifier les réglemens et tarifs, parce que l'administration supérieure a déjà donné, en différens tems, des instructions fort claires sur cette partie des octrois, et que ces instructions, dont la table est à la fin du présent ouvrage, quand elles sont bien apprises, ne laissent rien à désirer. J'ai seulement cru devoir tracer une marche de travail, ayant eu lieu d'observer que c'était faute d'une bonne marche adoptée par les autorités locales, et non par faute d'instructions existantes, que les révisions ne s'opéraient quelquefois pas avec tout le succès désirable.

SECTION III.

DES DIFFÉRENS MODES DE PERCEPTION DES OCTROIS.

Les divers modes au moyen desquels un octroi peut être perçu sont, comme je l'ai dit plus haut, la régie simple, la régie intéressée, la ferme, la régie par l'administration des contributions indirectes.

Il est bien important que les autorités locales connaissent les différens modes de perception des octrois, et qu'elles soient à même d'en apprécier les avantages et les inconvéniens, car le réglement et le tarif pourraient être bien faits, et cependant la perception n'offrirait pas les résultats qu'on avait droit d'attendre.

Cela tiendrait alors uniquement à des vices dans le mode d'exploitation. Il ne suffit pas seulement que les Conseils municipaux votent la régie simple ou la ferme; il faut encore qu'ils se rendent bien compte des motifs qui les déterminent, et qu'ils ne soient dirigés par aucune affection étrangère à la prospérité des finances de la ville. Il est quelquefois bien difficile d'échapper à ces affections et aux préjugés qu'elles font naître.

On remarquera, pour l'intelligence de ce qui suit, que, quel que soit le mode de perception de l'octroi, la loi veut que, dans les villes où cet impôt produit plus de 20,000 fr., il puisse y avoir un préposé en chef qui dirige, en cas de régie simple, et surveille la gestion du fermier, en cas de ferme. Dans les octrois de moindre produit, ce soin est laissé à un préposé principal. Quand l'octroi ne donne pas au-delà de 50,000 fr., il serait économique que le préposé en chef fût un employé des contributions indirectes, auquel il serait alloué par la ville une légère indemnité.

§ 1er.

De la Régie simple.

La régie simple d'un octroi est l'administration par le maire, qui a sous ses ordres, pour régir, le préposé en chef de l'octroi, ou bien un préposé principal.

Les maires et adjoints ne peuvent jamais être ni agens, ni comptables; ils sont responsables de l'administration (1). Quant à la gestion, elle appartient aux préposés en chef.

Les devoirs des maires consistent à proposer au Conseil municipal tous changemens à faire dans les tarif et

(1) Cette responsabilité existe toujours, quel que soit le mode de perception; elle est une conséquence de la loi, qui confie aux maires l'administration des octrois.

réglement, le mode et la fixation des frais de gestion; à ordonnancer toutes les dépenses de perception; à présenter les employés à la nomination du préfet; à répartir les traitemens, taxations et gratifications desdits employés, excepté les appointemens du préposé en chef, dont, suivant la loi, la fixation appartient au Conseil municipal, sous l'approbation du ministre des finances; à diriger l'emploi de toutes les dépenses de premier établissement; à décider sur toutes les questions qui s'élèvent dans le service, et que le préposé en chef soumet dans ses rapports écrits ou verbaux; à transiger sur les procès-verbaux et ordonner la suite des instances judiciaires; à autoriser les décharges des droits; enfin, à porter sur toutes les parties de l'administration une surveillance active et éclairée.

Les occupations multipliées que l'administration municipale d'une grande ville donne aux maires, les empêchent ordinairement de se charger personnellement de leurs attributions concernant l'octroi. Dans ce cas, elles peuvent être facilement déléguées à un adjoint, et le maire n'intervient que dans les circonstances où il est nécessaire de s'adresser au Conseil municipal.

On remarque, d'après cet exposé, que la régie simple n'impose pas aux maires un fardeau trop pesant. Elle doit être le mode le plus agréable à l'autorité municipale, puisqu'alors elle est entièrement maîtresse de l'administration, et qu'il lui permet de ménager les habitans, en modérant ou excitant, suivant le besoin, le zèle des employés.

Il résulte des principes précédemment énoncés, concernant les attributions des maires, que, quand on veut établir une régie simple, c'est, comme on l'a vu, à ces magistrats d'en proposer l'adoption au Conseil municipal, et une fois adoptée, d'en poser les bases.

La première et la plus essentielle est la détermination de la quotité des frais de gestion; ils devront rarement excéder 12 pour 100 du produit brut. Il ne faut, en ce cas, ni prodiguer l'argent, ni se montrer trop économe. Il faut examiner soigneusement la position de la ville; si elle est traversée par une rivière, si elle est ouverte ou fermée; le penchant des habitans à la fraude, le genre de fraude le plus commun, les moyens employés jusqu'alors pour la réprimer; la nature des prescriptions contenues au réglement, et des taxes du tarif qu'on doit appliquer; le nombre d'agens jugés nécessaires pour percevoir, surveiller et contrôler; les traitemens de ces agens, et leur juste gradation suivant l'échelle de l'avancement; enfin, les dépenses du matériel, savoir : loyers des bureaux, impressions, frais de bureaux, dépenses imprévues, et, s'il y a lieu, les frais de premier établissement (1).

Pour se rendre nettement compte d'une proposition de fixation de frais pour une régie simple, on pourra dresser l'état dont le modèle suit :

(1) Les frais de premier établissement sont, l'acquisition du mobilier des bureaux, la construction de ces bureaux, etc.

ÉTAT d'organisation, de fixation des dépenses de toute nature et de répartition desdites dépenses, pour l'octroi de............

Produit brut annuel..... **300,000** fr. Frais de gestion..... **30,000** fr.

CHAPITRE I.

Personnel.

DÉSIGNATION DES EMPLOYÉS A CRÉER.	TRAITEMENS attribués A CHAQUE EMPLOYÉ.	OBSERVATIONS sur la nature DES FONCTIONS DE CHAQUE GRADE.
Préposé en chef..............................	4,000 fr.	Dirigeant et inspectant. (Dans les octrois de peu d'importance, le préposé en chef pourra cumuler les fonctions de contrôleur et même celles de chef du service actif).
Contrôleur.......................................	2,000	Vérifie les écritures et suit les détails du service.
Deux receveurs à 1,200 fr.........................	2,400	Reçoivent les déclarations et perçoivent les droits.
Quatre idem à 1,000 fr...........................	4,000	Idem.
Un idem à 900 fr..............................	900	Idem.
Deux chefs de service actif à 1,000 fr.............	2,000	Surveillant le service actif.
Six préposés ambulans de première classe à 800 fr....	4,800	Sont adjoints aux receveurs, ou composent des sections de surveillances ambulantes.
Six idem de deuxième classe à 700 fr...	4,200	
Deux surnuméraires à 300 fr.......................	600	
TOTAL..........	24,900	
Taxations ou gratifications.........................	1,800	
TOTAL.........	26,700	

CHAPITRE III.

Matériel.

Loyers des bureaux de perception........	1,100 fr.
Impressions et frais de bureaux..........	1,200
Dépenses imprévues....................	1,000
Total............	3,300

RÉCAPITULATION.

Personnel.............................	26,700 fr.
Matériel...............................	3,300
Total des frais ordinaires à voter par le conseil municipal.....	30,000

Le cadre précédent peut, à quelques exceptions près, être celui d'organisation de presque tous les octrois. En effet, il présente les ressorts indispensables à toute perception : la direction, le contrôle, la recette et la surveillance active. Quel que soit l'octroi qu'on veuille administrer, il ne demandera que ces moyens de service, qui sont au reste ceux appliqués à toutes les administrations financières. Il se pourra cependant quelquefois que le nombre des employés ne soit pas exactement conforme au modèle; que, par exemple, on ait besoin de créer plusieurs contrôleurs, à raison du nombre des receveurs, ou pour les appliquer spécialement à une branche de l'octroi.

Les chefs du service actif pourront prendre des dénominations particulières, pour les distinguer; mais ces cas seront rares et réservés seulement à quelques grandes villes.

Lorsque le maire aura, dans un projet d'organisation, établi le cadre des employés de chaque grade, en raison des besoins, il procédera à la fixation des traitemens.

Il sera convenable de prendre pour base des appointemens des simples employés, le prix des objets nécessaires à la vie dans la localité, et quant aux chefs, de les rétribuer dans une juste proportion avec les receveurs et préposés qu'ils sont appelés à diriger ou surveiller. Il est indispensable de payer convenablement les employés de tous grades, et principalement les agens immédiats de la perception; car, sans cette précaution, on ne pourra que mal recruter le personnel, et l'économie qu'on aura voulu faire, tournera contre la caisse municipale. Un petit nombre d'hommes, contens de leurs emplois, garantiront mieux la perception que ne le ferait une foule de préposés nécessiteux. J'insite sur cette verité; on ne saurait trop la méditer; elle a été oubliée dans la plupart des octrois. Le grade de receveur est généralement le plus astreignant, le plus indispensable et le plus sujet à offrir des tentations à la cupidité : il faut donc rendre le sort des receveurs le meilleur possible, leur assigner, à chaque barrière, des logemens suffisans et sains, et des bureaux convenablement placés. (1)

(1) Les préposés en chef sont spécialement chargés de veiller à ce que les bureaux soient convenablement placés : ceci importe beaucoup au bien du service. Les villes doivent, autant que possible,

En outre des traitemens fixes, il peut être alloué, à la fin des années, soit des remises proportionnées aux augmentations sur les produits, soit seulement des gratifications générales ou particulières. La somme consacrée à cet usage sera portée à la suite de celle destinée aux traitemens, comme dans l'état modèle qui précède. Cette allocation est empruntée à ce qui se pratique dans les administrations financières; elle a toujours eu beaucoup de succès; mais en adoptant cet usage, il sera bon de prendre des mesures sages pour qu'il ne devienne pas un prétexte pour les employés de pousser trop loin l'esprit fiscal.

C'est ici le lieu de parler de la somme que la régie des contributions indirectes accorde chaque année aux employés des octrois, pour le recouvrement des droits d'entrée. Elle doit, aux termes de l'ordonnance du 9 dé-

acquérir la propriété de ces bureaux, pour que l'octroi ne soit pas forcé de quitter, au gré des propriétaires, les situations les plus favorables à la perception.

cembre 1814, être répartie entre tous les préposés d'une même ville. Dans un grand nombre de localités, cette répartition a lieu au marc le franc des traitemens fixes; et, en effet, les droits d'entrée se percevant par les mêmes moyens que le droit d'octroi, la surveillance étant la même, la remise est acquise à chaque employé dans la proportion de son influence sur les produits.

La distribution du montant de la remise dont il vient d'être question, peut s'effectuer à l'expiration de chaque exercice, au moyen de l'état dont le modèle suit:

EXERCICE 183

Taxations.

Exécution de l'article 90 de l'ordonnance du 9 décembre 1814.

ÉTAT de répartition de la somme de.......................
revenant aux employés de l'octroi de.......................
pour les peines et soins qu'ils ont donnés à la perception des droits d'entrée pour le compte du trésor.

PREMIÈRE PARTIE.

MONTANT de la recette brute passible DES TAXATIONS.	MONTANT DES TAXATIONS.	SOMME des appointemens annuellement donnés PAR LA VILLE.	QUOTITÉ qui résulte pour chaque 100 fr. d'appointemens de la répartition au marc le franc.

DEUXIÈME PARTIE.

GRADES DES EMPLOYÉS.	APPOINTEMENS de chaque employé sur les fonds de l'octroi.	QUOTITÉ DES TAXATIONS revenant à chaque 100 fr. d'appointemens au marc le franc.	NOMS ET PRÉNOMS DES EMPLOYÉS.	TEMS D'EXERCICE.	ÉMARGEMENT des signatures pour quittance.

Fait triple et présenté à l'approbation de M. le maire, par l'employé chargé en chef du service de l'octroi.

A................ le................ 18...

Approuvé par nous maire de.................

A................ le................ 18...

Nota. Cet état est remis, à la fin de chaque année, au receveur municipal, qui en paie le montant, au moyen de la somme qui lui a été versée par le receveur particulier des contributions indirectes. En cas de ferme ou régie intéressée, les taxations dont il s'agit sont comptées au fermier, qui en dispose comme il veut.

Ce mode de répartition des taxations allouées pour la perception du droit d'entrée, semble offrir un double avantage, celui d'être le plus juste, et d'ajouter quelque chose aux traitemens des employés des octrois, qui sont généralement très-faibles.

Si les contributions indirectes accordent aux octrois une indemnité pour le service fait dans leur intérêt, il sera juste aussi que les villes rétribuent particulièrement les employés des contributions indirectes qui travailleraient pour elles.

De toutes les parties de l'organisation d'une régie simple, le choix des employés est la plus difficile, attendu sur-tout que les maires se trouvent très-rapprochés des solliciteurs. Un des meilleurs moyens de rendre ces sollications moins importunes, est la création de surnuméraires avec l'obligation établie de débuter par ce grade. Mais ce n'est point encore assez : il faudrait, dans l'avancement, toujours respecter les droits acquis, le travail et la bonne conduite. On remarquera qu'une justice sévère est de tous les moyens le plus propre à maintenir le zèle, et à écarter l'intrigue. Cette justice est souvent très-difficile à distribuer, sans mécontenter beaucoup de prétentions. C'est dans ces occasions que les maires sont obligés de déployer beaucoup de fermeté pour repousser, non seulement les hommes étrangers au service qu'on tente trop souvent de doter aux dépens de l'octroi, mais aussi ceux des préposés qui n'ont pas de droits réels à l'avancement. Dans les cas d'organisation ou de mutations dans le personnel, il sera toujours avantageux de prendre en grande considération l'avis du préposé en chef de l'octroi, qui ne peut avoir d'autre intérêt que celui du service qui lui est confié.

Il ne suffit pas que les employés soient bien choisis, il faut aussi qu'ils connaissent parfaitement leurs attributions; que le travail soit divisé entre chaque grade, et que les relations des subordonnés avec les supérieurs et les droits de ces supérieurs soient nettement spécifiés. Sans ces précautions, l'anarchie et le désordre se manifestent bientôt. Pour atteindre ce but, on sent parfaitement que de simples ordres verbaux, révocables et variables, ne peuvent suffire : il faut un ordre de service régulier, où l'on insérera les prescriptions générales qu'on veut faire suivre, et la définition précise des attributions des employés de chaque grade. Cet ordre général est susceptible de varier en quelques points, suivant les localités; mais, cependant, l'ensemble de la distribution du travail doit être à peu de chose près le même dans la plupart des régies simples.

Je présente ci-dessous un modèle d'ordre de service qui, je crois, pourra guider les administrations municipales dans la rédaction de ces actes, auxquels il paraît convenable de donner la forme d'un arrêté du maire, approuvé par le préfet.

En sorte qu'en récapitulant ce qui a été dit précédemment sur les divers actes qui fondent une régie simple, nous trouvons, dans les attributions du Conseil municipal, le réglement, le tarif et la fixation des frais, et, dans celles des maires, sous l'autorité des préfets, la répartition des frais de perception, l'organisation du personnel, et un ordre général de service. Ces bases une fois bien posées, la gestion doit être facile. On fera bien d'imprimer en un cahier le réglement, le tarif et l'ordre de service, pour être distribués aux employés. Le préposé en chef devra y joindre une instruction sur la pratique du contentieux, avec les modèles nécessaires, afin que les employés n'aient plus qu'à copier, en changeant seulement les circonstances.

ORDRE GÉNÉRAL DE SERVICE

Pour l'Octroi de la ville de.......

Le maire de.......... etc.

Vu la délibération du Conseil municipal, en date du.........., portant que l'octroi sera administré en régie simple par le maire ;

Considérant que, pour l'exécution de cette délibération, il est indispensable d'arrêter un ordre de service qui détermine les règles générales d'après lesquelles les préposés de l'octroi doivent agir, et les attributions desdits préposés dans chaque grade ;

Après avoir pris l'avis de l'employé supérieur des contributions indirectes de la résidence ;

Sur le rapport du préposé en chef de l'octroi;

ARRÊTE :

CHAPITRE Ier.

INSTRUCTIONS GÉNÉRALES.

ART 1er.

L'octroi est régi directement par les employés portés en l'état d'organisation du personnel, arrêté par nous, et approuvé par le préfet.

ART. 2.

Chaque bureau est confié à un receveur logé dans la maison où le bureau est placé.

Il est adjoint à ces receveurs des préposés du service

actif, ou des surnuméraires, suivant l'importance des recettes (1).

ART. 3.

Les receveurs pourront être changés de bureau, toutes les fois que le bien du service l'exigera; ces changemens seront faits par le maire, sur la proposition du chef du service.

Les préposés du service actif, adjoints aux recettes, seront changés de postes, par le chef du service de l'octroi, toutes les fois qu'il le jugera nécessaire.

ART. 4.

Des rondes de nuit auront lieu; elles seront constatées par des feuilles de présence, ou tout autre moyen.

(1) Il faut, autant que possible, que les receveurs n'opèrent pas seuls, parce qu'alors ils sont maîtres de la perception.

ART. 5.

Il y aura chaque jour au bureau central, en présence de l'employé chef du service ou d'un contrôleur, réunion de tous les employés du service actif, pour qu'ils reçoivent les ordres et rendent compte.

Outre cette réunion, le chef du service en indiquera de particulières, toutes les fois qu'il le jugera nécessaire.

ART. 6.

Les ordres journaliers, donnés par le chef du service, seront inscrits sur un registre ouvert pour cet usage au bureau central. Ce registre contiendra en outre le classement des employés du service actif dans chaque poste.

Il sera ouvert un livret dans chacun des bureaux particuliers; les contrôleurs y transcriront les ordres donnés par le chef du service; les employés y inscriront les mouvemens qu'ils feront, dans la journée et les surveillances du service actif, les heures de leur visa et leurs remarques.

ART. 7.

Les *intérim* auront lieu dans l'ordre suivant : Le préposé en chef sera remplacé par le contrôleur, les contrôleurs par les receveurs, les receveurs par les chefs du service actif, les chefs du service actif pas les préposés, et ces derniers par les surnuméraires.

ART. 8.

Les employés malades conserveront leur traitement entier pendant.......mois. Après ce tems, sur le rapport du préposé en chef, le maire prendre telle mesure qu'il jugera convenable pour assurer le service.

ART. 9.

Les congés seront accordés par le maire, lorsqu'ils excéderont.......jours; ceux au-dessous de......jours seront donnés par le préposé en chef. Les employés malades ou en congé jouiront de tout ou partie de leur traitement, ou en seront privés. Si le congé est sans traitement, les intérimaires jouiront de celui de l'employé qu'ils remplacent, suivant ce qui sera ordonné par le maire.

ART. 10.

Tout employé qui se rendra coupable de malversations, sera frappé des peines portées au réglement, et en outre, ceux de ses collaborateurs qui auraient eu connaissance de ces malversations, et ne les auraient pas révélées, seront révoqués.

Les fautes graves seront punies par des dégradations ou des retenues sur les traitemens et gratifications. Ces dégradations seront présentées au préfet par le maire, les retenues seront prononcées par le maire seulement.

Les fautes légères sont punies par des notes mises aux livres d'ordre; un relevé de ces notes sera ajouté à l'état annuel du signalement des employés fourni au maire par le chef de service. Trois notes dans une année, contre le même employé, pourront donner lieu à une retenue.

ART. 11.

Les retenues faites en exécution de l'article précédent, seront versées à la caisse des retraites municipales.

ART. 12.

Il est sévèrement défendu aux employés de prendre, sous prétexte de dégustation, de trop fortes parties des liquides ou comestibles déclarés; tout restant, après dégustation, doit être offert au porteur ou conducteur, et, sur son refus, détruit sous ses yeux.

ART. 13.

Les objets saisis et non rachetés par les délinquans, ou non vendus à des tiers, seront donnés aux hospices; il sera fait mention de ce don au bas du rapport de saisie, ainsi que du récépissé de l'hospice.

ART. 14 (1).

Les versemens des produits de l'octroi à la caisse municipale auront lieu.....fois par mois; les jours où ils s'effectueront, et ceux où l'on arrêtera les recettes, seront désignés à l'ordre, au commencement de chaque mois, par l'employé chargé en chef du service.

Le dernier versement de chaque mois s'arrêtera pour l'octroi le même jour que pour les contributions indirectes.

ART. 15.

Les employés de l'octroi sont chargés de veiller à ce qu'il ne soit introduit en ville aucun liquide ou comestible avarié et dangereux pour la santé publique.

ART. 16.

Aucune déduction de recette, aucunes décharges ex-

(1) Les époques des versemens sont déterminées par les lois, suivant l'importance des octrois.

traordinaires de passe-debout, transit ou entrepôt, ne peuvent être opérées que par le préposé en chef, après qu'il a reçu de l'administration municipale les autorisations nécessaires.

Art. 17.

Les objets saisis seront de suite déposés au bureau central, et le redevable qui voudra consigner la valeur de la saisie, ou traiter du rachat, sera envoyé à ce bureau.

Si les délinquans refusent absolument de s'y rendre, la somme provenant du rachat sera reçue par le receveur du bureau le plus voisin, qui la remettra au receveur du bureau central.

Art. 18.

Les employés sont tenus de demander aux personnes qui entrent en ville, portant des fardeaux ou conduisant des chargemens, si elles ont à déclarer à l'octroi des objets passibles de ce droit, et ce afin d'éviter toute surprise relativement aux saisies qu'on pourrait prononcer. Cette même règle sera appliquée pour les objets sortant de la ville; les préposés devront, autant que possible, s'assurer que les porteurs et conducteurs n'ont pas à faire des déclarations de sortie.

ART. 19.

Les récoltes faites dans l'intérieur des limites de l'octroi seront constatées par les employés contradictoirement avec les récoltans : en cas de contestation, des experts seront nommés pour évaluer lesdites récoltes.

ART. 20.

Les modèles particuliers de comptabilité locale qui, en outre des modèles généraux fournis par le gouvernement, deviendront nécessaires pour le service de l'octroi, seront rédigés par le proposé en chef et soumis à notre approbation.

Nota. On pourra ajouter ou retrancher, suivant les localités, à ce premier chapitre, ainsi qu'à celui qui va suivre ; mais il est probable cependant que les dispositions du présent ordre de service trouveront généralement leur application. Elles sont tirées en partie des anciens modèles de réglement de service intérieur dont autrefois le ministre des finances avait prescrit l'usage.

On a vu précédemment que les retenues de traitemens devaient être versées à la caisse des retraites municipales. Partout où ces caisses ne sont pas encore créées ; il serait bien instant qu'elles le fussent, car c'est une institution à la fois morale et encourageante pour les employés.

Les caisses des retraites des préposés des octrois leur sout ordinairement communes avec celles des employés des villes ; elles sont créées par des délibérations des conseils municipaux. Les réglemens sont calqués sur ceux des administrations publiques. Le plus souvent, il est indispensable que les villes votent un premier fond, tant pour représenter les anciens services, que pour assurer le paiement des premières pensions. Les receveurs municipaux peuvent être chargés de la gestion de ces caisses.

CHAPITRE II.

DES ATTRIBUTIONS DES EMPLOYÉS.

Préposé en chef, Directeur.

Il dirige et inspecte le service; il rend compte à l'administration municipale;

Il lie le service de l'octroi avec celui des contributions indirectes; il fait, tous les trimestres, un rapport à l'administration générale sur le service des entrées de ville et octroi;

A la fin de chaque année, il fait au maire et au conseil municipal un rapport contenant un compte moral et détaillé de l'événement des produits et de la marche de l'administration;

Il est chargé de la suite du contentieux; il transige

provisoirement sur les procès-verbaux, sauf l'approbation du maire;

Il exerce le contrôle administratif de toutes les recettes et dépenses de l'octroi;

Il rédige le bordereau de mois et fait tenir au bureau central le relevé des recettes servant d'élément à ce bordereau;

Il forme les états de répartition des saisies et amendes, et le bordereau de versement;

Il soumet au maire, par des rapports particuliers, les questions litigieuses, les affaires d'administration, les mouvemens du personnel;

Il rédige les états d'appointemens, taxations et gratifications, ainsi que tous autres états de dépenses, et les soumet à l'approbation du maire;

Il fait payer provisoirement par le receveur du bureau central, sauf l'approbation du maire, les dépenses urgentes et imprévues, jusqu'à la somme de. . . . . . .

Il donne aux employés tous les ordres nécessaires pour le bien du service;

Il veille à ce que les tarif et réglement, ainsi que le présent ordre de service, soient régulièrement appliqués;

Il remet tous les semestres au maire un état de signalement de tous les employés attachés à l'octroi;

C'est à lui que doivent être adressées toutes les réclamations du public concernant l'octroi (1).

Attributions du Receveur municipal, relativement à l'Octroi.

Il reçoit des receveurs buralistes les produits de l'octroi; il les inscrit à son journal de la recette municipale et en délivre quittance;

Il reçoit du receveur du bureau central les produits des saisies et amendes qui lui sont versés sur bordereau récapitulatif;

(1) Dans la section du présent ouvrage qui traite des préposés en chef, on développera les instructions qui les concernent.

Il tient un livre spécial sur lequel sont inscrites les recettes et les dépenses concernant l'octroi;

Il fournit chaque mois au préposé en chef, chargé du contrôle administratif, un bordereau des dépenses qu'il a payées sur l'ordonnance du maire.

Enfin il soumet au Conseil municipal, à l'expiration de chaque exercice, et en même tems que son compte municipal, les comptes des recettes et dépenses de l'octroi.

Contrôleur.

Il surveille tous les détails du service de l'octroi; il est chargé de vérifier les registres de perception, de passe-debout, de transit et tous autres;

Il relève les produits de chaque bureau, autant que possible, jour par jour, sur des feuilles à ce destinées;

A la fin de chaque mois, le contrôleur arrête les registres de perception, vérifie les bordereaux de mois, et, lors des versemens intermédiaires, il vise et certifie les feuilles de ces versemens;

Il est tenu de faire le plus fréquemment possible des inspections dans les bureaux et postes, en en variant les heures :

Il assiste quelquefois aux recensemens à domicile faits chez les entrepositaires d'objets autres que les boissons ;

Il vérifie les caisses des receveurs ;

Il communique les ordres du préposé en chef aux autres employés, les fait inscrire sur les livrets tenus pour cet usage dans les bureaux particuliers, les explique, et s'il est nécessaire, concourt personnellement à l'exécution ;

Il signale au préposé en chef, par des notes et des rapports, les employés qui s'écartent de leur devoir ;

Il donne l'ordre pour les surveillances de nuit, et veille à ce qu'elles soient ponctuellement exécutées ;

Il rapproche des souches les notes des quittances et expéditions qu'il recueille ou fait recueillir en cours de transport, afin de s'assurer si elles sont identiques.

Enfin, il maintient le bon ordre dans les bureaux,

et veille à ce que la perception se fasse sans vexation ni abus (1).

Receveur du Bureau central.

Il fait de la même manière que les autres receveurs les perceptions directes qui se présentent à son bureau; il opère de plus celles provenant des objets autres que les boissons sortant d'entrepôt pour la consommation intérieure;

Il est chargé de toutes les recettes concernant les saisies et amendes, et les verse chaque mois au receveur municipal;

Il délivre les permis de transit pour les objets autres que les boissons.

(1) Ces fonctions sont celles ordinaires; si le contrôleur est affecté spécialement à un détail, il en sera fait mention.

Il fait tenir par un préposé, et sous sa surveillance, les comptes ouverts aux négocians ayant l'entrepôt pour les objets autres que les boissons;

Il tient un relevé par nature de produits de toutes les recettes de l'octroi;

Il reçoit le dépôt des objets saisis;

Il fait, sur l'ordre du préposé en chef, les dépenses peu importantes et urgentes, pour ensuite s'en faire tenir compte par le receveur municipal, sur état émargé des parties prenantes, certifié par le préposé en chef, et ordonnancé par le maire.

Enfin, il transcrit ou fait trancrire tous états, bordereaux, comptes et rapports relatifs au service.

Receveurs.

Placés aux principales entrées des villes, ils perçoivent les droits, et inscrivent sur des registres à souche, et suivant les formes de comptabilité arrêtées par la régie des contributions indirectes, les déclarations de toute espèce qui leur sont faites ;

Ils versent au receveur municipal....fois par mois leur recette sur un bordereau certifié; ils dressent, à la fin de chaque mois, le bordereau général des recettes opérées à leur bureau par nature de produits;

Ils tiennent toutes autres écritures jugées nécessaires pour la garantie des droits ;

Chaque trimestre, les receveurs comparent avec celui de l'année précédente les quantités frappées des taxes et des produits perçus à leur bureau, et indiquent les causes d'augmentation et de diminution; ce travail est remis au préposé en chef.

Ils concourent, autant que leurs fonctions le permettent, a la surveillance active, et aux vérifications à l'entrée et à la sortie.

Chefs du service actif.

Leurs fonctions sont essentiellement actives; ils n'ont

pas d'ordre à donner aux receveurs, ni d'ordre à en recevoir; ils ne vérifient et ne font aucune des écritures dépendant de la recette, à moins de cas d'urgence;

Ils font des tournées de jour et de nuit; ils vérifient et notent la présence ou l'absence des préposés du service actif, apposent leur visa sur les livrets d'ordre, toutes les fois qu'ils passent dans un bureau;

Ils sont chargés de faire signer les feuilles de présence par les employés, lors des surveillances de nuit.

Dans le cours de leurs tournées, les chefs du service actif se font représenter les quittances et expéditions accompagnant les objets assujétis qu'ils rencontrent entrant en ville ou circulant; ils vérifient si la déclaration a été bien faite au bureau; ils prennent note du numéro des quittances et autres expéditions, et des quantités qui y sont portées; ces notes sont remises au contrôleur;

Ils veillent à ce que les procès-verbaux constatant les saisies soient convenablement rédigés;

Ils se portent à tous les bureaux où la perception exige un employé actif et intelligent;

Ils veillent avec soin à ce que les paquets, ballots, voitures, bateaux, charges de cheval et à dos d'homme, arrivant en ville, soient visités à l'entrée par les préposés, sans vexation pour le public, à ce que les passages et chemins sur lesquels on n'a pas placé de bureaux soient bien surveillés;

Ils font connaître au contrôleur tous les renseignemens qu'ils peuvent prendre sur le service et les irrégularités qu'ils sont à portée de découvrir;

Ils reçoivent chaque jour du contrôleur l'ordre de leur travail, sur un registre à ce destiné, qu'ils émargent de leur signature.

Préposés du service actif et Surnuméraires.

Ces préposés sont placés près des bureaux de recette; ils sont chargés de provoquer les déclarations et de les vérifier;

Ils gardent toutes les issues favorables à la fraude, en

variant les heures de service, soit de nuit, soit de jour, suivant les ordres qu'ils reçoivent ou ce que leur dicte leur zèle;

Ils peuvent aider les receveurs pour les écritures, lorsqu'il y a urgence.

Ceux des préposés du service actif désignés pour le bureau central sont plus spécialement appliqués à la surveillance intérieure, au service des entrepôts, aux écritures générales, etc.

Les préposés du service actif peuvent aussi être placés à poste fixe à des barrières de renvoi.

Le présent ordre de service, aux dispositions duquel les employés de tous grades de l'octroi sont tenus de se conformer, sera mis à exécution le.......... 18....

En mairie à............*le*............ 18....

Vu et approuvé par nous, Préfet du département de.......

A......................, le.................... 18....

Telles sont les bases ordinaires d'une régie simple. L'expérience a démontré que, quand elle était organisée d'après les données précédentes, le service offrait des résultats satisfaisans.

Les avantages de la régie simple sont,

1°. Un régime plus doux pour les redevables;

2°. Toutes les recettes et tous les bénéfices rentrent à la caisse municipale, déduction faite seulement des frais,

3°. On ne craint point les concussions;

4°. Le maire est maître du service, et ne peut être contrarié dans le bien qu'il veut faire;

5°. Les employés sont mieux choisis que par un fermier, mieux rétribués et par conséquent moins avides, moins susceptibles d'être corrompus;

6°. La lettre des tarifs et réglemens n'est pas forcée, mais ils sont appliqués avec équité;

7°. Enfin, la régie simple est recommandée par tous les économistes et financiers éclairés; elle est la seule dont use le Gouvernement pour recouvrer ses impôts.

Quelques inconvéniens se présentent cependant :

1°. La difficulté de monter le service;

2°. Celle de trouver un bon chef;

3°. Celle de choisir les employés, en échappant aux influences locales, et d'administrer la justice à ces employés.

4°. Celle de prendre des mesures de rigueur quelquefois nécessaires, et qui ordinairement répugnent aux maires.

On pourrait ajouter aussi que le produit net ne peut pas être bien connu; mais on parera à cet inconvénient en établissant le budget de la ville sur un *minimum;* par exemple, le produit présumé d'une année moyenne sera de 300,000 fr. : on établira le budget sur 280,000 fr.

Je me suis beaucoup plus étendu en parlant de la régie simple que je ne le ferai quand il sera question des autres modes de perception. Ces derniers ne nécessitent aucun développement, parce qu'alors la perception est entre les mains de tiers qui organisent le service comme ils le jugent convenable, pourvu cependant que le mode d'organisation ne compromette pas évidemment les produits. Ainsi, ce n'est qu'à propos de la régie simple qu'on pouvait se livrer à des détails d'administration intérieure. Désormais, il ne peut être question que d'une surveillance à exercer et non d'une gestion à établir.

§ 2.

De la Ferme et de la Régie intéressée.

Un octroi est mis en *ferme*, quand son produit est cédé par bail, moyennant un prix fixe de . . . .

Il est en *régie intéressée*, quand le bail porte que l'adjudicataire comptera à la ville la moitié des bénéfices qu'il fera en outre de ce prix fixe.

Dans l'un et l'autre cas, le maire renonce totalement à l'administration et aux nominations; mais, quoique faites par les fermiers, elles doivent être homologuées par les préfets.

La surveillance à exercer sur les deux espèces d'adjudications est la même; elle est suivie, sous l'autorité du maire, par le préposé en chef, qui prend alors le titre de préposé surveillant.

La surveillance de la gestion des adjudicataires pourrait avoir lieu de la manière suivante :

Il faut éviter de mettre en leurs mains des réglemens et tarifs compliqués, sujets à interprétation; il faut que le cahier des charges soit clair et précis, et rédigé d'après le modèle joint à la circulaire du ministre des finances, en date du 6 novembre 1816.

Avant les enchères, le maire, secondé par le préposé en chef de l'octroi et par l'employé supérieur des contributions indirectes de la résidence, examinera les concurrens qui se présenteront pour surenchérir ; il s'assurera qu'ils connaissent l'administration des octrois, et qu'ils ont fait preuve de moralité, de solvabilité et de capacité.

On calculera soigneusement la première mise à prix, en formant une année moyenne; ce calcul sera établi sur les quantités consommées et non sur les droits reçus.

L'administration municipale ne peut rien prescrire à un adjudicataire concernant le choix de ses employés; mais il faut cependant chercher, par de sages représentations, à faire tomber ces choix sur des hommes d'une probité reconnue, et le plus possible sur ceux des employés déjà en fonctions, qui ont toujours donné des preuves de zèle.

La surveillance à exercer sur la gestion de l'adjudicataire et de ses employés est, comme nous l'avons dit, le devoir du préposé en chef; mais il ne paraît pas possible que, dans les grands octrois, il s'en charge seul. En effet, que produiraient les efforts d'un seul homme contre l'adjudicataire et un grand nombre d'hommes qui lui sont dévoués? En conséquence, l'administration municipale fera sagement en établissant un bureau de contrôle composé du préposé en chef et d'un ou plusieurs vérificateurs sous ses ordres, suivant l'importance de l'octroi.

Ce bureau de contrôle sera chargé,

1°. De veiller à ce que les tarif et réglement soient régulièrement appliqués; pour y parvenir, il fera des enquêtes dans la ville, afin d'apprendre si le public ne forme pas quelques plaintes fondées; des vérificateurs se tiendront souvent dans les bureaux d'octroi, et là, ils pourront examiner si les redevables sont traités avec décence, si les déclarations faites par eux sont inscrites sur les registres sans être augmentées, et ensuite si elles sont bien énoncées sur les expéditions qu'on délivre.

2°. Le préposé en chef tiendra la main à la stricte observation des conditions du cahier des charges; il veillera à ce que l'adjudicataire ne dissimule aucun produit, soit à l'aide de doubles registres, soit autrement, et à ce que les formes de comptabilité prescrites par les contributions indirectes soient très-exactement suivies.

3°. Les actes contentieux seront examinés soigneusement dans le bureau du contrôle, ainsi que la quotité des amendes exigées par les fermiers ; ces actes doivent être faits avec bonne foi. Les vérificateurs chercheront à apprendre si l'on n'a point tendu de pièges aux redevables, pour ensuite prononcer des saisies.

4°. Si des employés des fermiers malversent, soit à leur profit, soit à celui du fermier, il en sera rendu de suite compte au maire, qui en fera son rapport au préfet, pour obtenir la révocation des coupables, lesquels seront en outre poursuivis suivant la loi.

Quoique les vérificateurs soient plus particulièrement employés au service actif, cependant il sera essentiel que le préposé en chef fasse fréquemment en personne des tournées dans les bureaux, qu'il assiste à la perception, qu'il examine la manière d'opérer des employés des fermiers, et qu'il vérifie les registres. C'est ainsi qu'il se mettra à portée de signaler les abus et de les faire disparaître. S'il en apercevait qui fussent préjudiciables aux adjudicataires, il devrait leur en donner avis.

Souvent il arrive que les préposés nommés par les

adjudicataires ont peu d'instruction concernant l'administration de l'octroi. Le préposé en chef leur indiquera les sources où ils pourront trouver cette instruction; il engagera les fermiers à y concourir. Ces précautions empêcheront les fautes commises souvent par ignorance.

Quand l'administration s'interposera entre les redevables et le fermier, elle devra toujours entendre les deux parties et prononcer avec impartialité. En agissant autrement, on ôterait au fermier les moyens de remplir les conditions de son bail.

Si la gestion de l'adjudicataire marchait mal, parce qu'il n'appliquerait pas à l'octroi de bons moyens de régie, il serait nécessaire de lui donner des avis salutaires sur les points par lesquels pèche son service et sur les moyens de remédier aux désordres. Les adjudicataires agiront toujours prudemment, s'ils consultent le préposé en chef pour l'organisation du service de leur octroi; les lumières de cet employé désintéressé ne pourront que leur être utiles. Il est à désirer qu'ils se rapprochent le plus possible du mode régulier de gestion indiqué lorsqu'il a été question de la régie simple.

En général, dans les cas de ferme ou régie intéressée, l'administration municipale doit faciliter aux régisseurs de l'octroi le recouvrement des droits ; mais, d'un autre côté, elle doit empêcher toute vexation.

La plus importante fonction du bureau de contrôle sera de relever exactement, et jour par jour, les produits et les quantités soumises aux droits, afin de contrôler les élémens du bordereau de mois que le préposé en chef doit rédiger contradictoirement avec les adjudicataires, pour connaître toujours les véritables produits. Ceci est aussi indispensable dans le cas de ferme simple que dans celui de régie intéressée, puisqu'il est bien démontré que, si les produits réels obtenus dans le cas de ferme ne sont pas bien établis, on ignorera les bénéfices faits par l'adjudicataire, et l'on manquera de moyens pour bien fixer la mise à prix de la ferme suivante.

Je n'ai rien à ajouter concernant la surveillance à exercer sur un fermier ou régisseur; il me semble que ſes indications précédentes, jointes oux instructions données à diverses époques par l'administration supérieure, pourront mettre sur la voie. On variera la surveillance suivant les localités et les besoins. Les adjudicataires de bonne foi ne chercheront pas à s'y soustraire, les contrôles dont leur gestion sera l'objet ayant toujours pour but de la rendre plus parfaite.

Il arrive fréquemment que les employés choisis par les fermiers n'ont pas une conduite régulière, que la police des bureaux est mal faite, et le public maltraité; ceci doit être la matière de recommandations, de la part de l'autorité locale, aux fermiers, qui seront invités d'y remédier.

L'adjudication d'un octroi a pour principaux avantages,

1°. De décharger l'administration municipale des soins que donne toujours une gestion directe;

2°. D'assurer un produit net et invariable;

3°. De placer le maire dans une position agréable envers ses administrés, parce qu'il n'interpose assez généralement son autorité que pour réprimer les mesures trop sévères que pourraient prendre les adjudicataires;

4°. La ferme peut être bonne, lorsque l'octroi est d'une difficile perception, la fraude enracinée, le personnel à réformer. Le fermier se trouve chargé de toutes les mesures de rigueur. Si le succès est possible, son intérêt particulier y parviendra peut-être plus tôt que ne le feront les employés d'une régie simple.

Les inconvéniens des adjudications sont cependant graves; on peut les réduire aux considérations qui vont suivre :

1°. Les fermiers ou régisseurs gagnent ou perdent: s'ils gagnent, on n'a pas dû créer un impôt pour enrichir des particuliers; s'ils perdent, il est contraire à une bonne morale qu'une ville ruine un homme pour faire face à ses dépenses.

2°. L'octroi cédé par bail laisse aux preneurs des droits très-étendus; ils en abusent souvent, sans que l'autorité puisse y apporter remède, liée qu'elle est par le bail passé.

3°. On peut assurer que l'intérêt personnel du fermier peut être représenté par l'intérêt personnel des employés d'une régie simple, auxquels il serait accordé des taxations proportionnées aux bonis résultant de leur gestion. Mais dans l'hypothèse où l'on persisterait à croire que cet intérêt serait plus actif et plus efficace, à qui profiterait le surcroît des produits obtenus? Au fermier lui-même et non à la ville. Le bail suivant sera plus cher? Cela est vrai, si l'on a pu, ce qui est très-difficile, empêcher un adjudicataire qui bénéficie de dissimuler ses produits.

4°. Un adjudicataire n'est pas toujours un bon administrateur; s'il fait mal ses affaires, il laisse à la ville, en se retirant, un service en désordre, souvent peuplé d'hommes peu délicats. Cette position défavorable force à remettre en ferme à un taux désavantageux, ou bien rend la gestion directe plus difficile.

§ 3.

De la Perception confiée à l'Administration des contributions indirectes.

J'AURAI peu de chose à dire sur ce mode de perception. L'administration municipale n'a alors aucune surveillance à exercer, si ce n'est pour s'assurer que les employés spécialement affectés à l'octroi, font leur devoir avec exactitude; s'il en était autrement, elle provoquerait, près du directeur des contributions indirectes, les mesures nécessaires pour réprimer les abus.

Les bases des traités passés par l'administration municipale, pour faire gérer par la régie, doivent être débattues par les maires. Les frais alloués seront calculés d'après ceux que pourrait coûter une régie simple; on pourra même dresser l'état de ces frais, conformément au modèle donné précédemment. Cette méthode éclaircira le travail et le rendra plus facile.

Le traité une fois approuvé, la régie gérant, l'administration municipale se trouvera déchargée de tout soin relativement à l'octroi, et assurée que la perception sera surveillée avec attention et faite avec probité. Cependant, si l'octroi est considérable, l'administration municipale fera bien de maintenir un préposé en chef spécial, dans la crainte que les occupations déjà nombreuses des employés supérieurs de la régie, ne les détournent trop souvent du service de l'octroi. Il réclame une attention journalière et de fréquentes inspections, qui ne peuvent être que le partage d'un employé spécial. La ville gagnera le traitement de cet employé, par le résultat de ses soins, s'ils sont convenablement dirigés.

Je crois que, dans le cas où une ville ne veut pas administrer elle-même, en régie simple, le meilleur parti qu'elle puisse prendre, c'est de confier l'octroi à la régie des contributions indirectes. Ce moyen me semble de beaucoup préférable à la ferme; il n'offre aucun des inconvéniens signalés, lorsqu'il a été question des adjudications; il donne aux villes toute la sécurité et les garanties qu'elles peuvent désirer, et enlève aux administrations municipales toutes les difficultés de la gestion directe.

SECTION IV.

Des Préposés en chef des Octrois.

L'art. 4 de la loi du 27 frimaire an 8, et l'art. 155 de celle du 28 avril 1816, établissent des préposés en chef d'octrois. Ces préposés sont directeurs, en cas de régie simple, et surveillans de la gestion de l'adjudicataire, en cas de ferme ou de régie intéressée. Aussi les lois précitées les désignent-elles tantôt sous le nom de préposés en chef, tantôt sous celui de directeurs, d'autres fois, sous celui de préposés surveillans.

Bien que les préposés en chef des octrois doivent être pénétrés des lois, réglemens et instructions qui régissent cette partie financière, ainsi que des décisions contentieuses qui s'y rapportent, il est sur-tout indispensable que ces fonctionnaires aient de l'expérience, acquise par la pratique dans plusieurs localités. Il se présente une infinité de cas difficiles, que l'habitude du métier peut seule résoudre.

En conséquence, il serait regrettable de voir appeler aux fonctions de chefs de service des octrois des hommes qui n'eussent pas donné des gages de leur capacité, et sur-tout qui fussent étrangers à l'administration. Les maires, qui présentent les sujets, sentiront facilement que, si la loi ne leur a pas fait un devoir positif de les prendre parmi les employés de l'octroi, ou bien d'avancer les préposés en chef d'une ville plus petite à une plus grande, suivant leur mérite, ce sont cependant les seuls moyens d'obtenir des sujets habiles et éprouvés. Il sera facile aux maires d'en agir ainsi; car tous les chefs de service des octrois sont connus et signalés à l'administration centrale des contributions indirectes. On pourra y demander ou y choisir un sujet. Il y a lieu de croire que le préposé en chef ainsi choisi, se montrera digne de la confiance de l'autorité locale, qui, en suivant cette marche équitable, donnera un nouvel encouragement aux préposés en chef, et concourra puissamment à la prospérité générale des octrois.

Dans toutes les administrations publiques on exige, avec raison, une longue suite d'années de service pour être admis aux emplois supérieurs; cette garantie serait-elle négligée seulement quand il s'agit de la gestion des octrois? Il n'est nullement question ici de limiter la liberté municipale; c'est seulement une prérogative des maires, dont il est essentiel, dans l'intérêt des finances des villes, de bien régler l'exercice.

Les fonctions des préposés en chef n'ont pas encore été spécifiées dans une instruction à leur usage; elles résultent des diverses prescriptions éparses dans les réglemens généraux. J'ai tâché d'en former ici un tableau, qui, joint à ce qui a été dit précédemment, me semble offrir la réunion des obligations nombreuses qui leur sont imposées. J'y ai ajouté quelques données, fruit de mon expérience, et que je soumets à celle de mes collègues.

Les préposés en chef des octrois sont employés supérieurs du service actif de l'administration des finances : de là suit évidemment qu'ils doivent voir par eux-mêmes, inspecter fréquemment l'octroi qui leur est confié, et combiner le travail de bureau et la direction du service, de manière à ce qu'ils puissent toujours se transporter à l'improviste à tous les postes, et surveiller les employés sans périodicité. Cette partie de leur travail demande beaucoup d'habitude et ne peut être précisément définie : on en sentira facilement l'importance. Le préposé en chef agira prudemment, en stationnant fréquemment dans les bureaux, pour examiner la manière dont les employés asseoient et recueillent la perception; c'est là qu'il sera à portée de découvrir les abus, s'il en existe, d'apprécier la manière dont le public est traité, et son opinion sur les taxes du tarif et les dispositions du réglement; enfin, en voyant agir les employés, il prendra une idée positive de la capacité de chacun.

Cet examen servira à rectifier les rapports qui lui

seraient faits sur le personnel, et le mettra à portée de mieux éclairer l'autorité locale.

Le préposé en chef doit, dans toutes les positions, vérifier souvent les registres et les bordereaux des receveurs, en rapprocher les résultats et les comparer à ceux établis au bordereau général : il acquerra par ce moyen la preuve que toute la comptabilité est régulière. Il devra fréquemment compter le contenu des caisses des receveurs, pour s'assurer qu'il est conforme aux sommes perçues et non encore versées. Il rapprochera des souches les coupons de passe-debout et de transit, inspectera toutes les écritures, tant celles générales que celles spéciales à la localité, en laissant toujours une trace écrite de ses vérifications. Elles ne peuvent avoir lieu que rarement et partiellement dans les grands octrois, parce que d'ailleurs le chef de service est trop occupé; mais elles y sont moins nécessaires, puisqu'alors il existe des contrôleurs. Cependant elles ne doivent jamais être entièrement négligées.

S'il se présente une affaire contentieuse difficile ou

une surveillance pénible, le préposé en chef devra, autant que possible, y prendre part en personne, afin d'encourager les employés, et de les guider, s'il est besoin.

Il ne négligera aucun moyen d'instruire le personnel et de le familiariser avec les lois, réglemens et instructions en vigueur concernant les octrois. Par suite, il exercera les préposés à la rédaction des actes contentieux, en leur faisant dresser des procès-verbaux fictifs. Ce travail évitera des erreurs graves qui se commettent souvent dans les affaires contentieuses, erreurs aussi préjudiciables aux contrevenans qu'aux intérêts de l'administration. Il sera recommandé sur-tout de ne jamais prononcer de saisie par surprise. Les préposés devront toujours expliquer nettement au public les obligations qu'impose le réglement, et la nature des déclarations à faire, soit à l'entrée, soit à la sortie. Il s'agit de garantir un produit dont l'emploi doit tourner au profit de toute la communauté, et sur-tout au soulagement des pauvres : le chef de service ne devra donc négliger aucun moyen d'en assurer la perception sans vexations et avec la plus grande bonne foi.

L'octroi est sans cesse en contact avec le commerce d'une ville : il est essentiel que des difficultés renaissantes n'en gênent point l'action. Le chef de service cherchera à les aplanir, dans les fréquens rapports qu'il est à portée d'entretenir avec les maisons de commerce.

C'est ici le lieu de parler des plaintes graves que l'on porte en France contre le peu d'attention que les préposés mettraient dans l'usage qu'ils font de la sonde, ou bien au moment de l'ouverture des malles et colis, pour s'assurer du contenu. Les préposés en chef ont plusieurs moyens d'éviter ces plaintes du public. D'abord, comme cela a été indiqué précédemment, ils peuvent faire plomber les bâches des voitures ou colis à l'entrée, pour ensuite les faire vérifier à domicile. Là, ils surveilleraient facilement le mode des vérifications; ils tiendraient la main à ce qu'elles ne fussent faites qu'en présence des parties intéressées, et, quant aux objets en transit et en passe-debout, ils pourraient être replombés de suite, ou du moins, tous dérangemens, suite des vérifications, devraient être soigneusement réparés. Le zèle éclairé des chefs de service leur dictera d'ailleurs plus d'un moyen pour remédier à l'abus dont le public se plaint, souvent avec raison.

Il serait peut-être désirable que le gouvernement autorisât de nouveau le plombage général, lorsqu'il serait requis par les expéditeurs. Cette formalité, établie pour toute la France et commune à tous les octrois, avait déjà été indiquée autrefois, et sa remise en vigueur pourrait devenir l'objet d'un examen sérieux.

Il est indispensable que tous les ordres donnés par le préposé en chef aux employés, ou les invitations aux adjudicataires, soient inscrits sur un registre spécial coté par le maire, d'abord, pour qu'on ne puisse pas prétendre les ignorer, et ensuite, pour que la responsabilité du préposé en chef soit à couvert. La correspondance avec la mairie, sur toutes les parties de l'administration, devra également, et pour les mêmes motifs, être contenue dans des rapports écrits, dont les minutes seront conservées. On n'a pas besoin de faire observer ici que cette forme ne peut s'appliquer qu'aux affaires importantes seulement. Il y aura économie de tems à traiter les autres verbalement.

Le préposé en chef est généralement chargé du contrôle administratif, prescrit par la circulaire du 25 janvier 1827. Ce contrôle s'exerce au moyen d'un registre où se trouve récapitulé le montant, par versement et bureaux, de toutes les recettes et le montant de toutes les dépenses, d'après le bordereau fourni par le receveur municipal et visé par le maire. La balance est facile à établir ; elle doit être en harmonie avec les résultats que présentent le bordereau de mois, et les écritures du receveur municipal ; elle complète les vérifications que le préposé en chef est tenu de faire de toutes les parties de la comptabilité.

Il a été dit, dans l'ordre de service, que le préposé en chef doit rédiger les modèles de registres et feuilles applicables seulement à l'octroi qu'il dirige. Ces modèles ont le plus souvent rapport aux entrepôts à domicile d'objets autres que les boissons, aux comptes ouverts aux personnes qui nourrissent des bestiaux pour la culture ou autrement, dans le rayon de l'octroi. Dans ces deux cas, c'est un compte par charges et décharges à établir à chacun des entrepositaires ou nourrisseurs, lequel compte est servi au moyen de feuilles de relevés des registres d'entrée et de sortie, déposés aux bureaux des barrières. De plus, pour l'entrepôt des objets autres que les boissons, on dressera, au moment de chaque récensement de trimestre, un état des manquans, conforme à celui joint à la circulaire de l'administration des contributions indirectes, en date du 4 septembre 1819.

Il existe, dans quelques localités, des magasins d'entrepôt appartenant à la ville. Alors les comptes de charge et décharge, dont il vient d'être question, sont tenus par le préposé chargé de la conservation de l'entrepôt, sous la surveillance du chef de service.

Je n'ai cité que les modèles locaux les plus usités;

mais il sera besoin de beaucoup d'autres, suivant les diverses natures de perception. Il est impossible de les prévoir. Les modèles locaux sont en général dictés par les besoins de chaque octroi. Quant aux modèles généraux, fournis par la régie, on sait qu'ils sont applicables, nécessairement et absolument, à tous les octrois de France, quel que soit le mode de la perception.

Les réglemens et tarifs présentent souvent, dans l'application, un grand nombre d'imperfections. A mesure qu'elles se montreront, le préposé en chef les notera avec soin, pour les faire disparaître à la première révision. En attendant, il ne négligera pas de faire constater, par des jugemens des tribunaux, les diverses interprétations du tarif et du réglement résultant des contestations entre lui et les redevables. C'est à lui à soutenir, auprès de ces tribunaux, les droits de l'administration municipale, et à développer devant le juge l'esprit de la loi. La plupart des contestations sur l'application du tarif se termineront facilement par une expertise.

Non seulement dans le cas qui précède, mais aussi

dans toutes les instances relatives à l'octroi, le préposé en chef sera l'avocat de son administration, à moins qu'il ne s'agisse de quelques très-grandes villes, où les nombreuses occupations du chef de service l'empêcheront de plaider lui-même. Alors il sera très-essentiel de bien s'entendre avec l'avocat désigné; car souvent les avocats ont peu de pratique des lois administratives et financières. Au reste, on ne saurait trop recommander d'éviter autant que possible les contestations judiciaires.

Si l'on doit étudier l'effet du réglement et du tarif, il n'est pas moins nécessaire de suivre l'application de l'organisation du personnel et de l'ordre de service, dans une régie simple, ou celle du cahier des charges, lors de la ferme, pour être à portée de perfectionner l'une et l'autre.

S'il s'agit d'opérer des mouvemens dans le personnel, ils devront être mûris par le chef de service; mais une fois la nécessité bien démontrée, ils devront être suivis avec fermeté, et l'on n'oubliera pas qu'aux termes de l'ordonnance du roi du 9 décembre 1814, répétés dans tous les réglemens particuliers, le directeur général des contributions indirectes a le droit de provoquer la destitution des préposés qui rempliraient mal leur devoir.

Une des obligations les plus essentielles des préposés en chef est la surveillance des comptables placés sous leur inspection. Ils doivent ne. pas les installer dans leurs fonctions sans qu'au préalable les cautionnemens soient versés, et s'ils reconnaissent des malversations de la part de ces comptables, ils leur fermeront de suite les mains, et constateront exactement l'état des choses par des procès-verbaux en forme. Une négligence, dans ce cas, pourrait faire retomber sur le préposé en chef une responsabilité pécuniaire.

Le préposé en chef est à la fois agent du trésor et des communes. Il doit, en ces deux qualités, compte de sa gestion tant au gouvernement qu'aux administrations municipales. Il se rapprochera donc fréquemment du maire et de l'employé chargé en chef du service des contributions indirectes dans la résidence. Il concertera avec ce dernier les mesures où le trésor serait intéressé.

Cette double position, quand elle est bien comprise, ne peut jamais embarrasser un préposé en chef; car, dans un gouvernement libéral, l'administration supérieure n'ordonne rien qui puisse être en opposition avec les intérêts des villes ; mais au contraire tous ses efforts tendent à régulariser et améliorer la perception des deniers communaux. Ainsi, sous quelque forme que la régie des contributions indirectes soit désormais maintenue, un accord parfait entre ses opérations et celles des octrois ne peut qu'être très-profitable aux villes, attendu la grande analogie qui existera toujours entre les deux perceptions.

Après avoir rapidement analysé les diverses parties des fonctions des préposés en chef, il me reste à parler de la manière dont ils rendent compte de leurs travaux. Ils ont, pour cet objet, quatre pièces à fournir : le bordereau de mois des produits généraux de l'octroi ; un état de signalement des employés, destiné au maire ; un rapport sur le service et les produits, à adresser, chaque trimestre, à l'administration des contributions indirectes ; un autre rapport à adresser, chaque année, au conseil municipal. Ces pièces doivent être établies, quel que soit le mode de perception de l'octroi. En cas de ferme, on pourrait seulement se dispenser de dresser l'état de signalement des préposés ; mais cependant ce renseignement ne peut que faciliter la surveillance et sur-tout la reprise du service, par l'administration municipale.

Le modèle du bordereau général des produits des octrois est donné par le gouvernement. Il est rempli, pour les recettes, au moyen des bordereaux particuliers fournis par chaque receveur de l'octroi, et récapitulés soigneusement sur un registre tenu au bureau central. Quant aux dépenses, elles sont établies, comme on l'a dit, conformément au bordereau fourni par le receveur municipal. Cette marche est facile ; elle est suivie dans tous les octrois.

L'état de signalement pourrait être rédigé suivant le modèle qui va suivre, qui paraît présenter tous les renseignemens utiles pour éclairer le maire sur la situation du personnel.

OCTROI
de...............

EXERCICE 18...

ÉTAT de signalement des Employés à la perception de l'Octroi de...............

NOMS ET PRÉNOMS.	GRADES.	TRAITEMENS.	TAUX MOYEN des taxations de toute nature	DATES de la naissance.	LIEUX de naissance.	DATES de l'entrée dans l'octroi.	PROFESSIONS avant l'entrée dans l'octroi.	MARIÉS, veufs, célibataires, nombre d'enfans.	OBSERVATIONS sur le travail et la conduite.

Dressé et certifié par le Préposé en chef soussigné.

A.................le.... ....18...

J'ai adopté, pour les rapports sur le service, une forme qui a paru convenable, tant à l'administration supérieure qu'aux administrations municipales. Ces rapports sont divisés en trois parties, quant aux comparaisons et discussions des produits :

1°. La discussion des produits en masse;

2°. Celle des produits par bureaux;

3°. Celle des quantités consommées pendant le trimestre ou l'année.

Dans ces trois cas, j'établis les causes d'augmentation ou de diminution avec toute l'exactitude possible. Ces trois comparaisons sont nécessaires pour mieux faire ressortir les véritables motifs des variations. On verra, dans la pratique, que ce n'est point une complication inutile, et que les comparaisons de quantités sont absolument indispensables pour l'intelligence de celles de produits.

Les rapports de trimestre doivent contenir en outre un compte rendu du contentieux, et des observations générales sur le service. Dans le contentieux, on fera connaître le nombre des procès-verbaux, les causes qui l'ont fait augmenter ou diminuer, les progrès ou la répression de la fraude, les moyens employés pour l'arrêter, les motifs des transactions, etc.

Les observations générales pourront porter sur la marche du service, sur les punitions et récompense méritées par les employés, ou les observations faites à l'adjudicataire, sur les questions litigieuses et les affaires importantes qui se sont présentées depuis le dernier rapport.

Le compte annuel rendu au conseil municipal pourra être présenté sous les mêmes formes; mais on conçoit que comprenant toute une année, il devra être plus développé et contenir, aux observations générales, les propositions que le chef de service croira devoir faire pour l'amélioration de l'octroi. De plus, s'il s'est élevé quelques réclamations fondées sur les tarif et réglement, elles seront exposées, pour que l'autorité locale puisse y porter remède. Mais, pour donner une idée plus nette de la forme des rapports, je vais la présenter ci-après.

MODÈLE

DE RAPPORT.

OCTROI

de...........

EXERCICE 18...

RAPPORT

Sur le service et les produits pendant...

RAPPORT

Fait par le préposé en chef de l'octroi de.........

A M.........

M

J'ai l'honneur de mettre sous vos yeux mon rapport sur le service et les produits de l'octroi pendant...............

Comparaison des Produits en masse.

	f	c
Année ou trimestre	»	»
—— *Idem*..	»	»
Augmentation ou diminution.........	»	»

Nota. Indiquer ensuite très-sommairement les causes générales d'augmentation ou de diminution.

Comparaison des Produits par Bureaux.

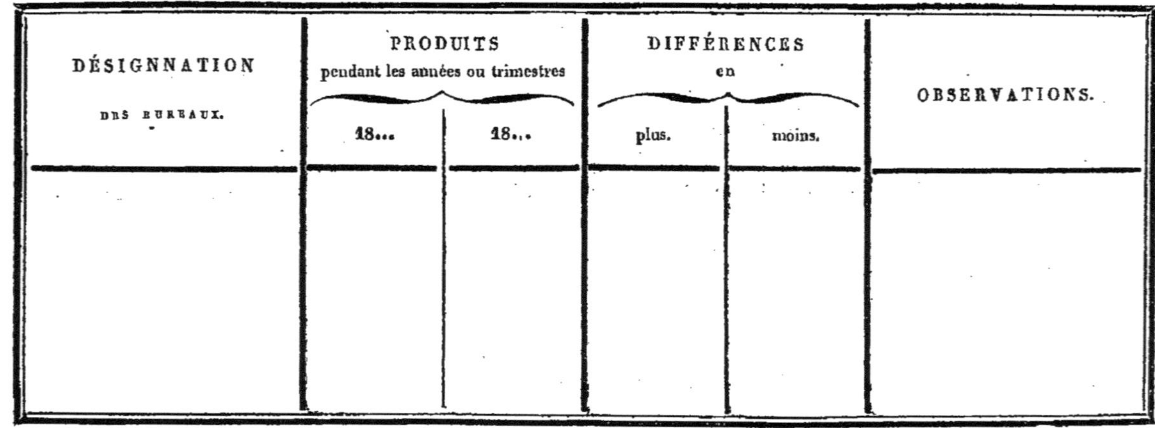

DÉSIGNATION DES BUREAUX.	PRODUITS pendant les années ou trimestres		DIFFÉRENCES en		OBSERVATIONS.
	18...	18...	plus.	moins.	

Nota. Indiquer les motifs des augmentations et diminutions particulières à chaque bureau.

Comparaison des quantités consommées et frappées des droits d'Octroi pendant...............

CHAPITRES.	DÉSIGNATION des objets imposés par LE TARIF DE L'OCTROI.	MESURES.	QUANTITÉS consommées pendant les années ou trimestres,		DIFFÉRENCES en		OBSERVATIONS.
			18...	18...	plus.	moins.	

Nota. Discuter ici chaque chapitre et chaque article avec détail, et donner, autant que possible, les véritables motifs des augmentations et diminutions. C'est sur-tout cette comparaison qui fait bien connaître la marche du service.

CONTENTIEUX.

Nombre des actes contentieux rédigés pendant les

année ou trimestre 18........................	30	produisant	250f	»c
idem *idem* 18........................	40	*idem*	300	
Augmentation ou diminution.....	10		50	»

ÉTAT des procès-verbaux et rapports rédigés pendant.................
et des suites qu'ils ont eues.

DATES des actes DU CONTENTIEUX.	NOMS DES EMPLOYÉS qui les ont rédigés.	DE LA RÉGIE ou DE L'OCTROI.	OBJETS saisis.	VALEUR estimée DE LA SAISIE.	MONTANT des TRANSACTIONS.	OBSERVATIONS sur les motifs des transactions.

Notice sur le contentieux, suivant l'explication donnée ci-dessus.

OBSERVATIONS GÉNÉRALES.

Entrer ici dans des détails généraux sur le service.

Nota. Indépendammentde ce rapport, il serait utile, pour bien connaître les mouvemens de la perception, que le préposé en chef fît dresser pour son usage, à la fin de chaque année, un relevé par bureau des quittances, passe-debout, transits et certificats de sortie délivrés pendant l'exercice, pour les comparer à pareil travail fait dans les exercices précédens, et examiner les résultats. Ils peuvent offrir des données importantes pour les produits.

APPENDICE.

Indication des Lois, Réglemens et Instructions à connaître par ceux qui sont appelés à régir les Octrois.

Il existe un premier recueil de lois et d'actes administratifs concernant les octrois. Il est sorti des presses de l'imprimerie impériale en 1812 ; il contient les lois, décrets, arrêtés du gouvernement, avis du conseil d'état, arrêts de la cour de cassation, décisions et lettres ministérielles, instructions et circulaires qui ont paru depuis le rétablissement des octrois jusqu'au 1er. janvier 1812. De tous ces documens, il en est peu auxquels on puisse maintenant avoir recours : ils se rattachent d'abord aux premiers tems des octrois, où chacun d'eux était établi par une loi, ensuite au réglement général du 17 mai 1809, d'où découlèrent un grand nombre de prescriptions ministérielles : par conséquent, tous les documens dont il s'agit dérivent d'une législation en partie abrogée ou renouvelée depuis. Seulement, le réglement général du 17 mai pourrait encore être consulté avec fruit, sur-tout dans ce qui a rapport au mode de perception en ferme et en régie intéressée. Au reste, le recueil présente une table analytique des matières ; et si, dans la pratique actuelle, il se présentait quelques questions litigieuses, il serait bon de consulter cette table pour connaître si ces questions n'auraient pas déjà été décidées.

Le recueil de 1812 est le seul corps d'ouvrage existant sur les octrois. Depuis ce tems jusqu'à présent, les lois, réglemens et actes administratifs qui les concernent sont restés épars dans les recueils des instructions générales des contributions indirectes, et n'ont été réunis que par quelques employés supérieurs des octrois et pour leur usage particulier.

La première série comprend le décret du 8 février 1812, qui confiait à l'administration des contributions indirectes la perception des octrois. De là diverses instructions et circulaires, pour remplir l'objet du décret. Il est inutile de dire que toute cette série ne peut avoir maintenant d'applications légales, mais elle peut être consultée, et c'est là que j'ai puisé plusieurs des moyens de perception que j'indique au paragraphe de la régie simple. Les prescriptions administratives dépendant du décret du 8 février 1812, ont régi les octrois depuis cette époque jusqu'à la fin de 1814; elles furent abrogées par la loi du 8 décembre de cette année, sur le budget de l'État, qui rendit aux villes l'administration immédiate de leurs octrois.

Cette loi, ainsi que l'ordonnance du 9 du même mois, portant réglement général sur les octrois, commence une autre série, qui demande à être suivie et étudiée, car c'est la législation actuellement en vigueur. En voici les principaux fondemens :

1°. Le décret du 17 mai 1809;

2°. Le titre 8 de la loi du 8 décembre 1814;

3°. L'ordonnance du 9 du même mois, complétant et expliquant plusieurs points réglementaires;

4°. Les circulaires portant envoi de ces deux actes;

5°. Le titre 11 de la loi du 28 avril 1816, sur le budget de l'État;

6°. La circulaire du ministre des finances, du 6 novembre 1816, contenant les règles à suivre, en cas d'adjudication des octrois;

7°. Les circulaires des 4 septembre 1819, 25 janvier 1827 et 15 décembre 1828, qui règlent la comptabilité actuelle des octrois;

8°. La circulaire du 26 juin 1823, qui transmet les nouveaux modèles de réglemens et tarifs.

En 1817 et années suivantes, la régie des contributions indirectes a recueilli et communiqué aux chefs de service les décisions que prenait le conseil de l'administration, sur une foule de questions litigieuses. Plusieurs d'entre elles se rapportent aux octrois, et sont très-utiles à consulter.

Ici s'arrêtent les indications des actes principaux de l'administration supérieure concernant les octrois. On les trouvera tous déposés dans les bureaux des directeurs des contributions indirectes, parmi les instructions générales données par cette administration. On y verra également plusieurs prescriptions sur les détails du service, qu'il serait hors de propos d'énoncer ici. Je n'ai pas besoin de dire qu'en outre des lois et réglemens spéciaux aux octrois, il est essentiel que ceux qui les régissent connaissent la législation des contributions indirectes, sur-tout en ce qui concerne les droits d'entrée, les deux services offrant entre eux un grand nombre de points de contact.

Il existe deux recueils particuliers d'actes administratifs et judiciaires, concernant les contributions indirectes et les octrois, que les employés supérieurs de ce dernier service ne peuvent se dispenser de se procurer. Celui de M. Girard, chef de bureau à l'administration centrale des contributions indirectes, dans lequel se trouve un chapitre entièrement consacré à la législation actuelle des octrois; elle y est présentée dans un ordre clair, et commentée avec la supériorité de talent qui fait distinguer les ouvrages de cet administrateur.

Le second recueil dont la lecture sera utile, est le Journal des contributions indirectes : il tiendra au courant des décisions judiciaires et administratives rendues en matière d'octroi.

Si j'avais atteint mon but et que ce petit ouvrage méritât quelque estime, ce serait une grande erreur de penser cependant qu'après l'avoir lu, on fût en état de bien administrer ou diriger un octroi; en celle-ci comme dans toutes les parties administratives, rien ne peut suppléer à l'étude et sur-tout à l'expérience. Un ouvrage tel que celui-ci pourrait seulement mettre sur la voie.

Je ne puis mieux le terminer qu'en rappelant le désir manifesté par notre Roi-Citoyen, de voir les Français, que leur position appelle aux affaires publiques, étudier l'administration avant d'y participer. Les principes de l'économie politique ont été posés : c'est la clef de la voûte. Il reste à faire connaître l'administration de l'État; mais il existe sur cette matière peu de bons livres. Je serais trop récompensé si cet opuscule faisait naître aux hommes supérieurs l'idée de faciliter chez nous cette étude des choses publiques, indispensable pour un peuple libre.

FIN.

AVIS.

Il serait facile de faire un recueil spécial des Lois, Réglemens et Décisions en vigueur concernant les Octrois. Ce livre manque; il épargnerait des recherches, et serait utile aux Mairies et aux Employés des Octrois. Le présent ouvrage servirait d'introduction à ce recueil, que je pourrais me charger de faire paraître, s'il se présentait un assez grand nombre de souscripteurs. Le prix de la souscription ne s'élèverait pas au-dessus de 7 francs.

Les personnes qui voudront y contribuer, pourront adresser leur demande, franche de port, à M. Molliex, *libraire, rue Royale, à Rennes.*

www.ingramcontent.com/pod-product-compliance
Ingram Content Group UK Ltd.
Pitfield, Milton Keynes, MK11 3LW, UK
UKHW022110190726
13855UKWH00002B/760

9 782013 264808